하나님 나라 건설자

성경이 말하는 공동체 세우기

장학일 지음

쿰란출판사

성경이 말하는 공동체 세우기
하나님 나라 건설자

서문

많은 사람들이 오늘날 한국 교회를 향하여 개혁의 바람이 불어야 한다고 소리칩니다. 그런데 그 외침이 한낱 공허한 메아리만 남길 뿐 실질적인 변화를 불러오고 있는지는 의문입니다. 오히려 개혁의 목소리로 인해 서로가 상처받고 분열과 불신만 쌓이게 됐습니다. 우리가 싸워야 할 대상은 사탄의 세력이지 교회 안의 지체들이 아닙니다. 만약 우리끼리 서로를 향해 칼날을 치켜세운다면 자중지란(自中之亂)에 휩싸이게 되어 결국은 공멸(共滅)하게 될 것입니다.

"예수께서 그들의 생각을 아시고 이르시되 스스로 분쟁하는 나라마다 황폐하여질 것이요 스스로 분쟁하는 동네나 집마다 서지 못하리라"(마 12:25).

우리는 이제 **하나님의 관점**에서 교회를 바라봐야 합니다. 하나님께서 교회를 향해 바라시는 것은 **'개혁'**이 아니라 **'회복'**입니다. 우리의 모든 다툼과 분열은 하나님이 바라시는 모습으로 회복되지 못한 결과입니다. 이제 우리가 일어나 하나님 나라를 회복해 가야 합니다. 사탄에게 빼앗기고 점령당한 이 세상을 되찾아 하나님께 돌려드려야 합니다. 시대가 점점 악해져 가고, 갈수록 그리스도인이 설 자리를 잃어 가고 있는 이때에 우리는 말씀의 검을 들어 사탄과 일전(一戰)을 벌여야 합니다. 그리고 그곳에 **하나님 나라(Kingdom)**를 세워야 합니다. 세상 속에서 우리는 **하나님 나라 건설자(Kingdom Builder)**가 되어야 합니다.

성경의 역사를 살펴보면, 하나님께서 **거룩한 자**를 부르셔서 시대의 탁류 속에서도 도도하게 거룩의 역사가 흐르게 하셨습니다. 노아, 아브라함, 이삭, 야곱, 요셉, 모세, 여호수아, 다니엘, 베드로, 요한, 바울 등 그들은 다수의 무리가 아닌 소수였지만, 그들에 의해서 하나님의 복음은 변질되지 않고 시대를 넘어 전해져 왔습니다. 이 마지막 시대에 그와 같은 거룩한 자를 주님께서 찾으십니다. 한 알의 거룩한 씨가 되어 하나님을 위해 썩어짐으로 이 땅에 하나님 나라를 건설할 **이 시대의 아브라함, 이 시대의 바울**을 부르고 계십니다.

여기에 담겨 있는 메시지를 통하여 하나님의 부르심에 응답하는 자가 되기를 소망합니다. 그리하여 찬란하고 영화로운 하나님 나라를 건설하는 역군들이 되기를 바랍니다.

본 교재는 하나님 나라 건설자들이 세우는 하나님 나라 공동체가 어떤 모습인가에 대해 담았습니다. 이 교재가 하나님께서 원하시는 공동체, 즉 **밴드 교회**를 세우는 데 골조를 제공할 것입니다. 그래서 타 교재(진짜 그리스도인, 생명 있는 그리스도인, 사역하는 그리스도인, 성화 훈련 가이드북)와는 다르게 **'밴드 교회 Check Point'**와 **'실전 적용 Band Case'**란을 두었습니다.

밴드 교회 Check Point는 밴드 교회의 기본 골격을 어떻게 세워야 하는지에 대한 안내도 역할을 할 것입니다. 또한 실전 적용 Band Case는 그러한 틀을 적용해서 나타났던 구체적인 실례를 제공할 것입니다. 두 가지를 함께 살펴보고 기본 틀을 세운다면 시행착오를 훨씬 많이 줄일 수 있을 것입니다.

이 시대에 회복을 위한 대안이 밴드 교회뿐이라고는 말할 수 없으나, 밴드 교회가 확실한 대안이 된다고는 자신 있게 말할 수 있습니다. 이 교회의 뿌리가 태초에 가장 아름다웠던 공동체인 에덴을 지향하고 있기 때문입니다. 아무쪼록 이 교재를 통해 이 땅 곳곳에서 에덴 공동체가 회복되는 역사가 일어나기를 소망합니다. 주님의 이름으로 당신을 사랑합니다.

2013년 5월
밴드목회연구원 서재에서
장 학 일 목사

목차

4 /		서문
9 /	1과	참다운 교회 회복을 위한 거룩한 씨앗
23 /	2과	예수님의 공동체를 본받으라!
39 /	3과	하나님 나라 공동체, 밴드 교회
51 /	4과	예수님은 어떻게 제자를 만드셨나?
67 /	5과	예수님의 가족은 누구인가?
79 /	6과	네 십자가를 지고 나를 따르라!
91 /	7과	성숙한 동행
107 /	8과	섬김으로 완성되는 하나님 나라 공동체
125 /	9과	승리의 피날레
141 /	10과	하나님 나라 건설자

1과

참다운 교회 회복을 위한 거룩한 씨앗

참고 사항

참다운 교회 회복을 위한 거룩한 씨앗

> "그러나 내가 이스라엘 가운데에 칠천 명을 남기리니 다 바알에게 무릎을 꿇지 아니하고 다 바알에게 입 맞추지 아니한 자니라" (왕상 19:18).

태초에 하나님께서 창조하신 에덴은 하나님 스스로 보시기에도 좋을 만큼 완전한 아름다움을 지닌 곳이었습니다. 그 아름다운 곳에 아담과 하와를 창조하시고, 하나님 나라 공동체를 만드신 후 그 어떤 때보다도 심히 기뻐하셨습니다.

"하나님이 지으신 그 모든 것을 보시니 보시기에 심히 좋았더라" (창 1:31 상).

그런데 이렇게 아름답고 완전한 세상에 죄가 들어왔습니다. 그 결과 에덴에 세워졌던 하나님 나라 공동체는 파괴되어 버렸습니다. 그 후 하나님은 인간을 다시금 에덴의 자리로 회복시키기 위한 역사를 펼치셨습니다. 그러나 인간은 하나님의 손길을 외면한 채 자신의 방식과 논리대로 살아갔습니다.

그렇다면 이제 **우리가 해야 할 일**이 무엇입니까? 하나님께서 처음에 창조하셨던 **하늘나라 공동체를 회복하는 일**입니다. 이 시대에 그 사명이 '**교회**'에게 맡겨졌습니다. 우리가 반드시 명심해야 할 것은, 교회는 결코 개혁의 대상이 아니라는 사실입니다. 교회는 회복의 대상입니다. 참다운 교회를 세워 감으로 태초에 하나님이 세우셨던 가장 아름다운 교회, 에덴을 회복하는 것이 우리의 목적입니다. 그래서 우리는 **하나님 나라 건설자**인 것입니다.

성경의 역사를 면면히 훑어보면 하나님께서 당신의 거룩한 자를 부르셔서 그들을 통해 회복의 역사를 진행시키신 것을 알 수 있습니다. 실패한 듯 보였던 하나님의 섭리는 그분의 뜻에 따라 소수의 남은 자(거룩한 씨)들을 통하여 이어져 내려왔습니다. 이 시대에 그 사명이 교회에 주어진 것입니다.

그렇다면 거룩한 씨들이 어떻게 이어져 왔으며, 오늘날 교회에 어떤 모습으로 남아 있게 되었는지 말씀을 통해 알아보도록 하겠습니다.

1. 구약에 나타난 거룩한 씨앗

아담의 타락으로 인하여 에덴 공동체는 파괴되었지만 하나님께서는 당신의 나라를 회복할 거룩한 씨를 **'아벨'**에게 계승하셨습니다. 하지만 뱀을 통해 하와를 유혹했던 사탄은, 이번엔 가인을 들어 거룩한 씨로 선택된 아벨을 죽이게 합니다. 하나님은 아벨의 죽음으로 자신의 뜻을 중단하실 수 없었습니다. 그래서 아벨 대신에 다른 씨를 예비하셨습니다.

> "아담이 다시 자기 아내와 동침하매 그가 아들을 낳아 그의 이름을 셋이라 하였으니 이는 하나님이 내게 가인이 죽인 **아벨 대신에 다른 씨를 주셨다** 함이며 셋도 아들을 낳고 그의 이름을 에노스라 하였으며 그때에 사람들이 비로소 여호와의 이름을 불렀더라"(창 4:25-26).

하나님께서 거룩한 씨앗으로 **'셋'**을 주셨습니다. 그가 하나님의 거룩한 씨앗인 증거가 그의 아들 에노스 때에 비로소 여호와의 이름을 불렀던 것에서 알 수 있습니다. 이와 같이 하나님의 은혜로 거룩한 백성이 선택되었을 때 훼방꾼인 사탄은 끊임없이 그들을 공격하지만 하나님에 의해 **회복을 위한 거룩한 행진**은 계속되었습니다.

거룩한 씨(남은 자)를 통한 회복의 역사는 노아 시대에 이르러 위기

참고 사항

를 맞게 됩니다. 하나님께서 사람의 죄악이 세상에 가득함과 그 마음의 생각이 항상 악할 뿐임을 보시고는 사람 지으신 것을 한탄하시며 모든 만물을 향해 죽음의 심판을 내릴 것을 결단하신 것입니다(창 6:5-7). 그러나 그 가운데서도 하나님의 역사를 위한 거룩한 씨앗으로 **'노아'**를 남겨두십니다.

온 만물을 물로 심판하신 하나님은 노아의 가족들을 거룩한 씨로 남겨 모든 역사를 새롭게 하십니다.

참고 성경 구절

"하나님이 노아와 그 아들들에게 복을 주시며 그들에게 이르시되 생육하고 번성하여 땅에 충만하라"(창 9:1).

아담에게 주셨던 복을 노아에게 그대로 부어 주십니다(창 1:28). 노아와 그 후손들을 통해 다시금 하나님 나라 공동체를 세우시려는 하나님의 뜻입니다. 그러나 노아의 후손들은 또다시 하나님의 뜻을 저버리고 바벨탑 사건을 일으킵니다. 하나님께서는 여전히 악하기만 한 인간들의 행위를 보시고 그들의 언어를 혼잡하게 하셔서 사방으로 흩어지게 하십니다. 그후 거룩한 씨로 선택된 자가 **'아브라함'** 입니다.

아브라함은 거룩한 씨로 선택된 후 고향 친척 아버지 집을 떠나야 했습니다. 거룩은 구별이기 때문입니다.

"여호와께서 아브람에게 이르시되 너는 너의 고향과 친척과 아버지의 집을 떠나 내가 네게 보여줄 땅으로 가라 내가 너로 큰 민족을 이루고 네게 복을 주어 네 이름을 창대하게 하리니 너는 복이 될지라"(창 12:1-2).

고향 친척 아버지 집을 떠난 아브라함이 99세 되던 때에 하나님께서 나타나 이름을 개명케 하시고(아브람→아브라함), 할례를 명하십니다. 거룩한 씨로 구별하기 위함입니다. 거룩한 씨의 계보는 아브라함의 계

※ 참고 성경 구절 – "여호와께서 사람의 죄악이 세상에 가득함과 그의 마음으로 생각하는 모든 계획이 항상 악할 뿐임을 보시고 땅 위에 사람 지으셨음을 한탄하사 마음에 근심하시고 이르시되 내가 창조한 사람을 내가 지면에서 쓸어 버리되 사람으로부터 가축과 기는 것과 공중의 새까지 그리하리니 이는 내가 그것들을 지었음을 한탄함이니라 하시니라 그러나 노아는 여호와께 은혜를 입었더라"(창 6:5-8).

하나님 나라 건설자

획(이스마엘)을 넘어 이삭에게로, 이삭에서 야곱에게로, 야곱에서 그의 열두 아들에게로 끊임없이 전개됩니다.

역사 속에서 면면히 흘러 내려오던 거룩한 씨앗의 존재를 가장 극적으로 볼 수 있는 부분이 **'엘리야의 탄식과 하나님의 응답'**에서입니다. 엘리야가 이세벨에게 쫓겨 호렙 산에 이르러, 이스라엘 백성 모두가 바알을 섬기고 자신만 홀로 남아 외롭게 하나님을 향한 믿음을 지키고 있다고 한탄할 때 주님께서 말씀하십니다.

"그러나 내가 이스라엘 가운데에 **칠천 명을 남기리니** 다 바알에게 무릎을 꿇지 아니하고 다 바알에게 입 맞추지 아니한 자니라"(왕상 19:18).

엘리야가 보기에는 다 바알 밑에 무릎 꿇고 현실에 타협해 버린 채 하나님을 떠나 버린 것 같았는데, 하나님께서는 그분의 뜻을 이 땅에 펼쳐 갈 거룩한 씨(남은 자)를 7천 명이나 남겨 놓

참고 사항

으셨던 것입니다.

그 후 북이스라엘과 남유다의 멸망 가운데서도 하나님 나라 회복을 위한 거룩한 씨의 역사는 끊임없이 이어져 갔습니다. 그러한 역사 가운데 느헤미야에 이르러 에스라와 함께 성전을 재건하고 새 법전을 만듦으로 유대교의 기틀을 마련하게 됩니다. 이들은 패망해 없어져 버린 이스라엘의 거룩의 역사를 비록 종교적인 형태이지만 '**유대교**' 안에서 진행해 갑니다.

2. 신약에 나타난 거룩한 씨앗

국가로서의 주권은 상실되었지만 유대교라는 종교적 틀 안에서 유대인들은 하나님을 섬겼고, 유대교를 구심점으로 한 민족적 결속을 유지해 갔습니다.

이때 하나님의 계획은 따로 마련되기 시작했습니다. 그것은 바로 **예수 그리스도를 통한 새로운 차원의 역사**였습니다. 그런데 문제가 일어났습니다. 유대교의 지도자들이 하나님의 뜻과는 상관없이 유대교라는 틀을 절대적인 것으로 만들어 버린 것입니다. 그리하여 메시아이신 그리스도께서 선지자들의 예언대로 자기 백성에게로 오셨건만 그들은 그리스도를 영접하지 않았습니다(요 1:9-10).

> 참고 성경 구절

결국 **예수 그리스도의 부르심을 입은 자들은 갈릴리의 어부들과 세리와 창녀**들이었습니다. 이들이 신약 시대의 거룩한 씨앗(남은 자)의 계보를 잇게 된 것입니다. 안타까운 사실은, 하나님의 거룩한 촛대가 유대교에서 신약 교회로 옮겨져 왔는데도 불구하고 지금까지 유대인들은 자신들만이 거룩한 백성이고 메시아를 영접할 족속이라고 믿는 것입니다.

신약 시대의 거룩한 씨앗(남은 자)에 대한 언급이 가장 분명히 드러

※ **참고 성경 구절** – "참 빛 곧 세상에 와서 각 사람에게 비추는 빛이 있었나니 그가 세상에 계셨으며 세상은 그로 말미암아 지은 바 되었으되 세상이 그를 알지 못하였고"(요 1:9-10).

난 곳은 바울이 기록한 로마서입니다. 바울은 이스라엘 전체가 타락한 것은 아니라고 강조하면서 엘리야의 탄식을 예로 듭니다(왕상 19:18).

> "주여 그들이 주의 선지자들을 죽였으며 주의 제단들을 헐어 버렸고 나만 남았는데 내 목숨도 찾나이다 하니 그에게 하신 대답이 무엇이냐 내가 나를 위하여 바알에게 무릎을 꿇지 아니한 사람 칠천 명을 남겨 두었다 하셨으니 그런즉 이와 같이 지금도 은혜로 택하심을 따라 **남은 자**가 있느니라"(롬 11:3-5).

이스라엘이 타락하여 하나님을 저버린 자들이 많은 것은 사실이지만, 엘리야 시대처럼 지금도 변함없이 하나님의 은혜로 택하심을 받은 남은 자, 즉 거룩한 씨가 있다는 것입니다. 바로 이 거룩한 씨들에 의해 하나님의 은혜가 만인에게로 퍼져 가게 되었습니다. 결국 복음의 능력은 새로운 주권자로 등장한 로마를 점령하고, 로마 교회가 된 신약 교회는 그 세력이 가히 천하를 움직일 만해졌습니다. 그러나 교회가 권력을 쥐게 되면서 하나님의 본질적 거룩은 손상을 입게 되었고, 마침내 교회가 세속화되는 뼈아픈 역사를 갖게 되었습니다.

로마 교회의 세속화 속에서 '**존 위클리프**'나 '**얀 후스**' 같은 이들이 나타나 진리를 보존코자 거대한 교권과 맞서다 순교의 제물이 되었습니다. 그러나 그들의 순결한 피를 통하여 거룩한 씨의 역사는 계속 이어졌습니다. 결국 그들은 종교 개혁자들이 나타나게 하는 귀한 통로가 되었습니다.

3. 종교 개혁 이후에 나타난 거룩한 씨앗

그 거룩한 씨앗의 흐름은 '**루터**'와 '**칼빈**' 등의 종교 개혁자들을 거쳐 '**필리프 슈페너**'(P.J. Spener, 1635-1705)라는 경건주의자에게로 이어졌습니다. 슈페너에 의해 촉발된 경건주의 운동은 당시 영적, 도

※ 존 위클리프(John Wycliffe, 1320-1384, 영국)와 얀 후스(Jan Hus, Johannes, 1369(?)-1415, 체코)는 교회사에 있어서 종교 개혁자들(루터, 칼빈, 츠빙글리 등)의 태동에 가교가 되었던 대표적 인물들이다. 이들은 목숨의 위협을 받으면서도 교회의 부패된 실상에 맞서 항거했으며, 특별히 교황을 비롯한 성직자들의 타락성을 지적하여 당대 기득권자들의 표적이 되었다. 이들은 성경만이 모든 교회의 기준이 될 수 있는 궁극적 권위라고 주장했으나, 당시 이런 주장들은 교황을 위협하는 것이 되었고, 결국 위클리프의 정신을 이어받은 후스는 순교를 당하게 된다. 이들의 생명을 다한 외침은 후에 종교 개혁자들의 사상적 근간이 되어 본격적인 종교 개혁 운동을 불러일으키는 촉매제가 되었다.

참고 사항

덕적으로 타락해 있던 독일의 제도 교회를 갱신하기 위해 일어난 소그룹 운동이었습니다. 이 경건주의 운동은 **'아우구스트 헤르만 프랑케'** (A.H. Francke, 1663-1727)를 거쳐 **'친첸도르프'**와 **'모라비아 공동체'**로까지 이어짐으로써, 마침내 **'존 웨슬리'**에게까지 영향을 미치게 됩니다.

친첸도르프를 통해 웨슬리는 성화를 추구하는 소그룹 모임인 **'밴드'**를 소개받게 되는데, **'밴드 모임'**에 너무나 큰 감명을 받았던 웨슬리는 그것을 자신의 목회 현장에 가지고 와 적극적으로 적용합니다. 웨슬리는 친첸도르프와 모라비안에게서 밴드 공동체의 기본 구조와 운영 방법에 대해 배웠지만, 목회 현장에 맞게 여러 측면을 재구성하고 보완함으로써 18세기 영국 교회 안에서 '밴드 공동체'라는 꽃을 활짝 피우게 됩니다. 이와 같은 웨슬리의 소그룹 운동이 시대의 거룩한 씨앗이 되어 미국을 비롯한 세계 각지에 영향을 미쳐 왔고, 오늘날 밴드 교회의 소그룹 운동의 진원지가 되었습니다.

성경과 역사를 통해 고찰해 보았듯이, 하나님의 역사는 언제나 소수의 무리, 즉 거룩한 씨들에 의해 중단되지 않고 이어져 왔습니다. 씨 속에는 울창한 나무가 되어 많은 열매를 맺을 수 있는 모든 가능성이 들어 있습니다. 그러나 그 씨가 열매로 드러나기 위해서는 한 알의 밀알이 되어 썩어져야 합니다. 그때에야 세상을 변화시키는 놀라운 능력이 나타납니다.

이 시대를 되돌아봅니다. 유대교에서 로마가톨릭으로, 로마가톨릭에서 개신교로 이어져 온 하나님의 회복의 역사가 이제 새로운 국면을 맞이하고 있습니다. 오늘날 수많은 성도들이, 아니 세상 사람들마저도 교회 개혁이 필요하다고 목소리를 높이고 있습니다. 그러나 우리에게 필요한 것은 개혁이 아니라 회복입니다. 거룩한 열망을 품는 한 알의 밀알들이 필요한 것입니다. 그들이 자신을 내어놓음으로 하나님 나라의 아름다운 공동체를 이뤄 갈 때, 그들을 통하여 이 땅 위에 하나님의 나라가 세워질 것입니다.

주님께서는 바로 그 씨를 찾고 계십니다. 당신이 거룩한 씨가 되어 하나님 나라를 회복하는 자가 되십시오.

"내가 진실로 진실로 너희에게 이르노니 한 알의 밀이 땅에 떨어져 죽지 아니하면 한 알 그대로 있고 죽으면 많은 열매를 맺느니라" (요 12:24).

참고 사항

밴드 교회 Check Point 1

거룩한 씨앗, 밴드원

　무슨 일이든 다 그렇겠지만 밴드 교회를 세우는 데 있어서 가장 중요한 것은 **'사람'**이다. 사람 세우는 일이 밴드 교회의 성패를 좌우한다는 뜻이다. 우리가 **'거룩한 씨앗'**에 대한 이야기를 나눈 것도 바로 그런 연유이다. 세속에 물들지 않고 오직 하나님을 위해 자신의 모든 것을 포기할 수 있는 자가 밴드 교회의 씨앗이 되는 **'밴드원'**이다. 이들이 밴드 교회의 한 알의 밀알이 되어 자신을 온전히 내놓을 때 하나님 나라의 공동체가 세워지는 것이다. 그러므로 밴드 교회를 세우기로 결단했다면 우선 헌신된 밴드원을 만들기 위해 전심전력해야 한다.

　분명히 명심해야 할 사실은, 밴드 교회의 이상이 좋다고 무작정 목장부터 만들어 간다면 잠깐 효과를 보는 것 같으나 시간이 흐르면 일꾼이 없어서 끝내는 밴드 교회를 지탱해 갈 힘마저 잃어버리게 된다는 것이다.

　처음에 소그룹 모임이 활발하게 진행되다가 오래지 않아 문제가 발생하는 경우가 있을 것이다. 그 원인을 찾아보면 거의 대부분이 지도자 문제이다. 지도자의 신앙이 흔들리면 그와 함께하는 목원들 모두가 흔들리게 된다. 그러므로 철저히 헌신된 밴드원을 먼저 세우는 것이, 더디다고 느껴지나 가장 바르고 건강한 밴드 교회를 세우는 방법이다.

　웨슬리가 교회 회복 운동을 하면서 가장 아쉬워했던 문제도 사람이다. 심지어 웨슬리는 자신에게 헌신된 사람 100명만 있으면 세상을 복음화시킬 수 있다고 공언하기까지 했다. 소돔과 고모라도 결국 의인 열 사람이 없어서 멸망당한 것 아닌가? 그만큼 사람이 중요하다는 뜻이다.

다시 한 번 강조한다. 이 시대에 하늘나라 공동체를 이루는 밴드 교회를 세우기 원한다면 가장 먼저 거룩한 씨앗인 밴드원을 준비시켜라. 그 기간이 1년이 걸리든 2년이 걸리든 철저한 그리스도의 군사를 만들어야 한다. 그리하여 목회자와 생명을 나눌 수 있는 공동체의 수준까지 이르러야 한다.

그다음 그 씨앗들을 뿌려 목장을 만들고, 밴드를 만들어 갈 때 지치지 않는 생명력으로 건강하고 아름다운 하나님 나라 공동체를 만들게 될 것이다.

실전 적용 Band Case 1

거룩한 씨앗을 만들라!

밴드 목회가 더 많은 교회에서 바르게 적용되길 바라며, 지난 시간 동안 예수마을교회에서 시도했던 밴드 목회의 모든 것에 대해 나누고자 한다. 밴드 교회의 첫 모델이 되어야 했기에 수많은 시간 돌아갈 수밖에 없었지만, 우리의 발자취를 통해 더 원활하고 충실하게 밴드 교회들이 세워질 수 있기를 바란다.

앞에서 살펴보았듯이, 밴드 목회 이론에 따르면 목장의 형성보다 밴드의 형성이 먼저 되어야 한다. 이치상으로도 성숙한 그리스도인이 모인 성숙한 가정이 있어야 어린 가정이 태어날 수 있는 것이다. 그런데 나는 토양화 작업과 밴드 목회 1단계 공부(진짜 그리스도인)를 마치자마자 그들을 목자로 임명하고 목장 체제로 전환해 버렸다. 처음에 그 시도는 매우 성공적이어서 수많은 간증과 부흥을 가져다주었다.

참고 사항

그런데 목회는 장기적이라는 사실을 뼈저리게 느끼게 되는 일들이 일어났다. 한 1년 정도 목장이 잘되더니 조금 시들해지는 기미가 보이기 시작한 것이다. 나는 아차 싶었다. 내 생각에 이 문제를 돌파하는 길은 두 가지인데, 하나는 밴드의 조속한 형성이고, 또 하나는 끊임없는 전도와 분가였다. 그래서 먼저 잘 훈련된 목자들을 중심으로 1차적으로 밴드를 형성했다. 또한 1단계 공부를 마친 준목자 그룹도 밴드에 포함시켰다. 이미 밴드에 대해 수없이 들어 왔던 터라 그들은 모두 순순히 밴드에 가입해 주었다. 목장과 같은 기준으로 비슷한 연령에 같은 성(性)으로 구성된 5개의 밴드를 운영하기 시작했다.

갑자기 구성하긴 했지만 별 문제없이 잘 진행되는 것 같았다. 그러나 그들에겐 치명적인 약점이 하나 있었는데, 그것은 이미 1년 동안 한 목장의 목자였다는 사실이다. 한 조직의 우두머리로 대접받고 어른 노릇 하다 보니 자신들도 모르게 그 습성이 배어 버린 것이다. 이것은 마치 우리 목회자들의 모습과 같다고나 할까? 그래서 밴드원들은 하나가 되지 못하고 있었다. 목장 사역은 잘하면서도 밴드 모임은 부담스러워하는 이상한 형국이 되어 버린 것이다.

시간이 흐르자 결국에는 밴드와 목장 둘 다 주춤하게 되었다. 그도 그럴 것이 밴드와 목장 모임 둘을 동시에 진행하는 데서 오는 육체적 피로가 적지 않은데다, 그것을 극복하는 유일한 힘은 모임의 '즐거움'인데 오히려 부담만 주니 잘될 리가 없었다.

그러나 그것은 시작에 불과했다. 계속해서 다양한 측면에서 어려움이 쏟아져 나오는데, 나중에는 밴드가 교회 모든 사역의 중심이 되어야 함에도 불구하고 아예 목장이 교회의 중심이 되어 가는 기형적인 형태가 되어 버렸다. 이 모든 문제의 원인은 목장을 먼저 세운 데 있었다. 지도자급을 훈련시키고 그들을 우선 밴드 안에 묶어 철저하게 성화 훈련을 시킨 다음 목장의 지도자로 파송했어야 하는데, 급한 마음에 거꾸로 진행했다가 잃은 게 너무 많았다.

나는 이 문제를 해결하는 데 3년의 세월을 보냈다. 그간 몇 번이고 밴드의 운영과 구성을 바꾸어 가면서 밴드원들이 하나 되고 목자로서의 특권 의식을 버리도록 독려했다. 밴드를 먼저 형성했더라면 거치지 않아도 될 어려움이었다. 5년 가까이 지나서야 밴드가 제자리를 잡기 시작했다. 요즘은 밴드원들이 목장보다도 밴드가 더 좋다고 말한다. 또한 자신들이 직접 뽑은 지도자를 진정한 리더로 인정하고 있다.

요즘도 밴드 목회 세미나를 통해 밴드 교회 세우는 일에 들어섰다가 많은 분들이 내가 겪은 문제로 연락해 오신다. 그렇게 해서는 안 된다고 신신당부를 드렸건만, 단기간에 승부를 내고 싶은 마음에서 초래한 문제이다. 한번 저질러 놓으면 수습하기가 쉽지 않다. 처음부터 단추를 잘 꿰면 훨씬 쉽다. 그래서 타산지석(他山之石)이란 말도 있지 않은가? 아무쪼록 거룩한 씨앗인 밴드원을 먼저 잘 만들어 나와 같은 시행착오를 겪지 말고 튼튼한 밴드 교회를 세워 가길 바란다.

《교회의 체질을 바꿔라》中)

2과
예수님의 공동체를 본받으라!

참고 사항

예수님의 공동체를 본받으라!

> "이때에 예수께서 기도하시러 산으로 가사 밤이 새도록 하나님께 기도하시고 밝으매 그 제자들을 부르사 그중에서 열둘을 택하여 사도라 칭하셨으니"(눅 6:12-13).

21세기의 교회는 시대의 변화에 발맞추어 급변하게 될 것입니다. 인터넷을 통한 새로운 차원의 종교 개혁이 일어날 것이며, 이로 인해 바른 모습으로 변화되지 않은 교회들은 점점 더 도태될 것입니다. 이러한 시점에서 우리에게 필요한 것이 무엇입니까? **'바른 교회 모습의 회복'**입니다. 그렇다면 그 회복의 밑그림을 어디서 찾아야 할까요? 창조 때에 가장 완전했던 가정 공동체인 **'에덴'**입니다. 우리의 모든 사역은 그 에덴을 회복하기 위한 과정입니다.

에덴과 같은 하늘나라 공동체를 이 땅에 세워 가기 위해서는 모델이 필요합니다. 그 모델이 누구겠습니까? 당연히 예수 그리스도입니다. 우리 삶과 신앙의 가장 완전한 모델은 예수 그리스도밖에 없기 때문입니다. 예수님께서 사역하셨던 방법을 모델 삼아 시대에 맞게 적용해 간다면 분명히 올곧은 목회의 그림을 그려 갈 수 있을 것입니다.

그러면 예수님께서 어떤 모습으로 사역을 하셨는지, 또한 그 사역을 누가 계승하여 밴드 교회의 밑바탕이 되었는지, 성서와 역사의 배경을 통해 알아보도록 하겠습니다.

1. 예수님의 공동체

예수님께서 이 땅에 오셔서 하나님 나라 회복 사역을 하실 때, 그분을 따라다니던 부류들을 크게 4가지로 나눌 수 있습니다. 예수님께서는 이들을 모두 사랑으로 대하셨지만, 가르치는 강도나 내용은 그 성숙도에 따라 조금씩 달랐습니다.

1) 무리들

"갈릴리와 데가볼리와 예루살렘과 유대와 요단 강 건너편에서 수많은 **무리가 따르니라**"(마 4:25).

무리는 예수님이 베푸시는 이적 때문에 믿고 따른 자들입니다. 그들은 항상 예수님께 **"병을 고쳐 달라, 먹을 것을 달라, 귀신을 내어쫓아 달라"**는 등의 **'육적인 요구'**만 했습니다. 예수님께서는 이런 무리의 요구를 외면치 않으시고 그들을 병과 배고픔, 귀신 들림 등의 억압에서 자유케 하셨습니다.

이와 더불어 예수님은 그들이 육적인 요구에만 머무르는 자들이 되지 않기를 바라며 천국 복음도 함께 전해 주셨습니다. 그러나 그들은 **'복음의 진리'**보다는 **'육의 문제'**에만 관심을 가진 자들로, 예수님을 믿는 것 또한 단순히 육의 문제를 해결받기 위한 기복적인 신앙에 불과했습니다. 예수님께서는 그들의 마음을 아셨기 때문에 세상에 계실 동안 단 한 번도 그런 자들에게 자신을 맡기지 않으셨습니다.

참고 사항

"유월절에 예수께서 예루살렘에 계시니 많은 사람이 그의 행하시는 표적을 보고 그의 이름을 믿었으나 예수는 그의 몸을 그들에게 의탁하지 아니하셨으니 이는 친히 모든 사람을 아심이요"(요 2:23-24).

2) 제자들

"그때부터 그의 제자 중에서 많은 사람이 떠나가고 다시 그와 함께 다니지 아니하더라 예수께서 열두 제자에게 이르시되 너희도 가려느냐 시몬 베드로가 대답하되 주여 영생의 말씀이 주께 있사오니 우리가 누구에게로 가오리이까"(요 6:66-68).

여기서 말하는 '**제자들**'은 단순히 예수님을 믿는 자들을 일컫는 말로 12제자(사도)와는 구별되는 말입니다. 요한복음 6장을 통해 우리는 이 '제자들'이 어떤 신앙을 소유한 자들이었는지 잘 알 수 있습니다.

예수님께서 오병이어의 기적으로 많은 무리들을 먹이시자, 그들은 예수님을 임금으로 옹위하려 합니다(요 6:1-15). 이때 예수님은 무리를 피하셨다가 이튿날 많은 사람들에게 자신은 정치적인 왕으로서가 아닌 수난받아야 할 하나님의 아들로서 이 땅에 오셨다는 것을 설명하십니다. 그러면서 예수님께서는 자기 주위에 있던 자들에게 주님의 살과 피를 먹는 수난의 길에 동참해야 영원히 목마르거나 배고프지 않을 것이라고 말씀하십니다(요 6:32-59). 이 말을 들은 무리들은 모두 실망한 채 떠나갔고, 제자들 중 많은 자들도 예수님의 길이 따르기 어렵다며 떠나갑니다.

"제자 중 여럿이 듣고 말하되 이 말씀은 어렵도다 누가 들을 수 있느냐 한대"(요 6:60).

이렇게 떠나간 제자들은 다시는 예수님과 함께하지 않았습니다. 결국 **제자들**은 예수님을 믿었지만 그분이 요구하는 헌신, 즉 **어려움과 수난의 길에 동참하는 것은 거부했던 것**입니다.

3) 12제자

"이때에 예수께서 기도하시러 산으로 가사 밤이 새도록 하나님께 기도하시고 밝으매 그 제자들을 부르사 그중에서 **열둘을 택하여 사도라 칭하셨으니**"(눅 6:12-13).

예수님은 많은 제자들 중 함께 삶을 나누고 사역을 맡길 12명을 따로 뽑으셨습니다. 그들은 '무리들'이나 '제자들'과는 달리 자신이 가진 모든 것을 포기하고 주님의 부르심에 응답한 자들이었습니다.

"베드로가 여짜와 이르되 보소서 **우리가 모든 것을 버리고 주를 따랐나이다**"(막 10:28).

이때 베드로가 말하고 있는 **'우리'**는 12제자를 일컫는 것입니다. 주님과 삶을 함께하기 위해 모든 것을 버리고 주를 좇았던 12제자를 주님께서는 항상 데리고 다니시며 삶으로 그들을 가르치셨습니다. 그들은 약속한 성령을 줄 터이니 예루살렘(예수가 죽은 후 핍박과 고난이 가득한 곳)을 떠나지 말고 기다리라(행 1:4)는 예수님의 마지막 말씀에 순종하여, 고난의 현장인 예루살렘을 떠나지 않고 성령을 기다리며 기도에 온 힘을 쏟습니다. 마침내 12제자들은 오순절 날 120성도와 함께 성령 충만을 받게 되어, 이 땅에 초대 교회를 세우고 복음 전파를 이어가는 주역이 되었습니다.

함께하는 삶을 통해 예수님의 모습을 본받은 12제자들은 예수님이 그러셨던 것처럼, 각각 자신에게 맡겨진 십자가를 지고서 묵묵히 그분의 뒤를 따르는 삶을 사는 자들이 되었습니다.

"무릇 내게 오는 자가 자기 부모와 처자와 형제와 자매와 더욱이 자기 목숨까지 미워하지 아니하면 능히 내 제자가 되지 못하고 누구든지 자기 십자가를 지고 나를 따르지 않는 자도 능히 내 제자가 되지 못하리라"(눅 14:26-27).

참고 사항

4) 3제자

"예수께서 그 하는 말을 곁에서 들으시고 회당장에게 이르시되 두려워하지 말고 믿기만 하라 하시고 **베드로와 야고보와 야고보의 형제 요한 외에 아무도 따라옴을 허락하지 아니하시고**"(막 5:36-37).

이들은 한마디로 **핵심 제자 그룹**이라 할 수 있습니다. 예수님께서는 자신을 따르는 12제자 중에서도 특별히 베드로, 야고보, 요한을 더 가까이에 두시고 하나님 나라의 일을 가르치심으로써, 그들을 12제자들의 리더뿐 아니라 후일 교회의 핵심이 되는 지도자로 훈련시키셨습니다. 그래서 예수님은 유독 이 3제자에게만 새로운 이름을 주시고, 변화산상에도 데려가셨으며, 최후의 순간인 겟세마네 동산에도 이들 3제자만 데려가 중보 기도를 부탁하셨습니다.

"베드로와 야고보와 요한을 데리고 가실새 심히 놀라시며 슬퍼하사 말씀하시되 내 마음이 심히 고민하여 죽게 되었으니 너희는 여기 머물러 깨어 있으라 하시고"(막 14:33-34).

이렇게 특훈을 받은 3제자는 예수님의 부활과 승천 후 철저한 예수님의 증인이 됨은 물론, 예루살렘 교회의 중추적인 지도자가 되었습니다.

이상에서 보았듯이, 예수님은 철저히 무리와 제자들, 12제자와 3제자를 구분하여 목회하셨습니다. **선교적 목회 대상**인 **무리**와 **제자들**은 아직 헌신의 신앙 단계가 아니기에 자신의 사역을 맡기지 않으셨고, **양육적 목회 대상**인 **12제자**와 **3제자들**에게는 삶을 통해 가르치시고, 자신의 모든 사역을 맡기셨을 뿐 아니라 능력과 권세도 주셨습니다. 그 결과 그들은 무리와 제자들을 헌신된 자로 이끄는 사역자가 되었습니다. 이것을 도표로 정리해 보면 다음과 같습니다.

2. 웨슬리의 공동체

웨슬리의 목회 구조를 분석해 보면 예수님의 목회 방식과 매우 닮아 있는 것을 발견하게 됩니다. 물론 웨슬리가 선교 초기부터 교회 조직

참고 사항

을 구상하고 운영한 것은 아니지만, 시간이 흐름에 따라 자연스럽게 예수님과 닮은꼴의 공동체 구조를 구성하게 됩니다.

1) 연합 신도회(Society)

웨슬리의 설교를 들은 많은 사람들이 성령의 충만함을 입고 삶의 변화를 체험하였습니다. 1739년 이러한 감화를 입은 일단의 사람들이 웨슬리를 찾아와 같이 기도하고 고민해 주기를 요청했는데, 그들에게는 죄를 깨닫고 은혜를 갈망하는 마음이 가득했습니다. 웨슬리는 이들을 위하여 매주 모이는 한 날을 지정하였는데, 이때부터 목요일 저녁은 이들에게 있어서 축복된 약속의 시간이 되었습니다. 웨슬리는 수시로 구성원들의 삶의 정황에 적절한 권면과 기도로 모임을 이끌었으며, 그 결과 모임에 참여하고자 하는 사람이 점점 늘어 가게 되었습니다. 이것이 **'연합신도회'** 의 시작입니다.

이들은 대략 **30명 정도로 구성**되었는데, **권면의 말씀을 듣고 사랑 가운데 서로 돌보고 기도하며 구원을 이루는 것을 그 목적**으로 하였습니다. 연합신도회에 가입하고자 하는 사람에게 주어지는 조건은 단 한 가지, 죄로부터 구원을 받고자 하는 열망을 가진 자라면 누구나 다 가입할 수 있었습니다. 즉 연합신도회는 예수를 영접했다 하면서도 아직 구원의 확신이 없는 사람들을 구원의 대열에 설 수 있도록 도와주는 모임이었습니다.

2) 속회(Class Meeting)

선교적 차원에서 열려 있는 공동체였던 각 신도회는, 그 구성원들이 진정으로 구원을 이루어 가는지 보다 쉽게 구별하기 위해 각 단위별로 **'속회'** 라는 조직을 두었습니다. 각 속회는 지역 단위로 10-12명 정도로 구성되었으며, 그중 한 사람이 속장이 되었습니다.

속장은 자신이 책임지고 있는 속회원들의 영혼이 어떻게 자라나고 있는가를 알아보기 위해 최소한 일주일에 한 번씩은 개별 심방을 하여 적절한 충고와 권면, 위로와 책망을 해줘야 했습니다. 또한 일주일에

1회 목사를 만나 속회원들의 상황을 보고함으로써 적절한 목회적 치리를 도왔습니다.

속회의 근본 목적은 매주 모여 상호 직고를 통해 서로 사랑으로 영적 생활을 돌보는 것이었습니다. 그리하여 속도원들의 신앙이 파선되지 아니하고 하나님의 은혜 속에 거할 수 있도록 이끌어 주었으며, 은혜 받는 것에서 끝나지 않고 삶 속에서 사랑의 선행을 실천할 수 있도록 독려해 주었습니다.

무엇보다 중요한 것은 속회는 **'교육보다 돌봄과 실천'**에 중점을 두는 소그룹 모임이었다는 점입니다.

이와 함께 속회는 모일 때마다 가난한 자를 위한 구제 헌금을 모금하여 그들을 구제하는 데 앞장섰습니다. 이 헌금은 일주일에 한 번씩 속장이 목사를 만날 때 전해 주었습니다.

3) 신도반(Band)

연합신도회와 속회가 성숙한 지도자를 중심으로 초신자들과 함께 모여 교제하며 돌보는 모임이라면, **'신도반'**(Band)은 선발신도회와 더불어 믿는 자들을 더욱 성숙하고 헌신된 자로 훈련시키기 위한 모임이었습니다.

웨슬리는 속회원들 가운데 좀 더 친밀한 교제와 철저한 신앙인으로 헌신되기를 사모하는 사람들을 중심으로 신도반을 조직하였습니다. 보통 2-3개의 속회에서 하나의 신도반이 형성되어 속회원들 가운데 20%가 이에 속했습니다. 이들은 대개 비슷한 나이와 관심을 가진 사람들로 구성되었습니다.

신도반 자체가 철저히 회심한 자들을 영적으로 성장시키는 데 도움을 주고자 한 모임이기에, 구성 멤버들은 구원에 대한 확신을 지닌 사람들로 제한되었습니다. 신도반 멤버들은 하나님의 사랑을 체험했어야 했고, 서로에게 개방된 태도를 지님으로써 자신의 잘못이나 죄에 대하여 철저한 성찰이 있어야 했으며, 다른 이로부터 주어지는 모든 염려와 비판도 기꺼이 받아들일 수 있어야 했습니다. 이처럼 신도반은

참고 사항

'**규칙주의자들**'(Methodist)이라는 별명에 어울릴 만큼 규칙을 철저히 지키는 삶을 살았습니다.

결국 이런 엄격한 가입 조건 때문에 웨슬리는 메소디스트의 핵심 회원들을 만들어 낼 수 있었습니다. 철저한 자기희생과 결단이 없이는 결코 신도반에 참여할 수 없었기에, 이들을 강한 훈련을 통해 성숙한 그리스도인이 될 수 있도록 이끌어 갔습니다.

4) 선발신도회(Select Society)

웨슬리는 신도반 구성원들 중에서 더욱 믿음과 행실에 모범을 보인 자들, 즉 내적인 성결을 이루는 데 뚜렷한 발전을 이룬 자들을 '**선발신도회**'(Select Society)로 구성하였습니다.

이 모임을 통해 **웨슬리는 4가지를 의도**했습니다. ① 이 모임을 통해 그리스도인의 완전(Christian Perfection)을 추구하고자 했고, ② 그들이 받은 은사를 훈련하도록 했으며, ③ 그들이 피차 더욱 사랑하고 서로 돌보도록 하며, 모든 경우에 있어서 웨슬리 자신의 흉금까지도 거리낌없이 터놓을 수 있는 무리를 갖고자 했고, ④ 그들에게 사랑, 순결, 선행의 모범을 제시해서 그들 형제들에게 실천하도록 하는 데 의도가 있었습니다.

한마디로 선발신도회는 **주를 위해 죽을 각오를 한 사람들로 구성된 영적 가족들**이었습니다. 그래서 그들 모두에게는 동등한 발언권이 주어졌습니다. 선발신도회는 각자 마음에 품은 스스로의 규율에 따라 운영되었고, 단 3가지만이 운영 규칙 사항으로 정해져 있었습니다.

① 모임에서 한 이야기는 절대로 재론하지 않는다(비밀 준수). ② 모든 구성원들은 사소한 일까지 목사에게 갖고 나와 의논하고 털어놓는다. ③ 절약하여 매주 모은 것을 가지고 와서 구제 사업을 하고, 모든 물건을 공동으로 소유하게 되기까지 공동으로 쓰려고 모아둔 재산을 일주일에 한 번씩 바친다.

5) 참회자반(Penitents)

웨슬리는 믿음의 형편에 따라 적절하게 조직을 구성해 나갔고, 대부분이 믿음 안에서 하나 되어 신앙생활을 잘하였습니다. 그러나 몇몇 타락(고의적, 습관적 타락)한 사람도 있었습니다. 그런 사람에게는 속회, 신도반 식으로는 별 효과가 없음을 알고, 그들을 따로 모아 그 사람들의 처지에 맞는 교훈과 충고를 해주었습니다. 그 모임이 **'참회자반'** 입니다.

참회자반은 매주 토요일 저녁에 모였고, 형편에 따라 분리되어 운영되었습니다. 그들에게 하나님의 엄중한 경고와 약속을 동시에 줌으로써, 그들의 영혼이 하나님께로 돌아오게 하는 데 그 목적을 두었습니다.

이와 같이 웨슬리는 보다 효과적인 신앙 교육과 성도들 간의 친밀한 교제, 그리고 진보를 거듭하는 신앙인이 되게 하기 위해 시의 적절한 교회 조직을 형성, 실천해 나갔던 교회 조직가입니다.

참고 사항

밴드 교회 Check Point 2

목회 비교 분석

　예수님의 목회 방식과 흡사한 웨슬리의 목회 구조를 밴드 교회 목회 패러다임의 근간으로 적용했다. 기본적으로 **'밴드'**(Band)란 말은 **'묶는다'** 라는 뜻을 가지고 있다. 그러므로 밴드 교회에서 가장 중요한 것은 성도들을 신앙 상태에 따라 묶어 주는 일이다.

　그러한 맥락에서 예수마을교회는 웨슬리의 공동체(예수님의 공동체)를 모델로 하여 5가지 형태로 성도들의 관심과 신앙 상태에 따라 묶어 주었다. 각각의 조직은 **목표와 기능, 성도들의 신앙 상태에 따라 분화**된 것이지만, 서로가 **유기적인 결합**을 이루고 있는 것이 특징이다. 그러면 아래의 표를 통해 밴드 목회의 기본 틀이 어떻게 구성되어 있고, 어떤 지향점을 가지고 있는지 알아보도록 하겠다.

예수님	웨슬리	밴드 교회	구성인원	대상자	목적	성격
무리들	연합신도회 (Society)	마을	3-5개의 목장을 하나의 대 목장으로	불신자, 신자, 성도 포함	구원에 이르도록 도움	불신자, 초신자들과 함께하는 공동체. 열린 영역(Open Band)으로 훈련과 교육보다는 사랑과 돌봄이 우선
제자들	속회 (Class Meeting)	목장	8-12명 정도	불신자, 신자, 성도 포함	상동	상동
12제자	신도반 (Band)	밴드 (Band)	5-7명 정도	구원의 확신이 있는 성숙한 성도들로 구성	성숙한 공동체를 이루어 이를 기반으로 평신도 지도자를 길러냄	구원의 확신이 있는 성숙한 그리스도인들의 공동체. 닫힌 영역(Closed Band)으로 철저한 양육과 성화 훈련 중심
3제자	선발신도회 (Select Society)	헌신자반 (Zone Director)		주를 위해 목숨까지 바칠 각오가 되어 있는 성숙한 성도들로만 구성	그리스도인의 완전을 추구하는 철저히 헌신된 사역자를 세움	밴드 리더의 역할을 감당하고 전체 밴드 목회 사역의 핵심적인 사역을 감당
	참회자반 (Penitents)	사랑 회복반		신앙의 낙오자들을 회복시키는 모임	다시 신앙생활을 잘할 수 있도록 양육	

하나님 나라 건설자

34

참고 사항

현재 예수마을교회를 중심으로 펼쳐지고 있는 **밴드 목회**는 웨슬리 당시의 그것보다 더 확장된 의미를 갖는다. 부연하자면, 오늘날 **밴드**는 웨슬리 당시의 밴드를 이 시대에 되살려 내는 데 그치는 것이 아니라, 현시대에 맞게 **수정**하고 **재창조**하는 데 있다. 오늘날 밴드 목회라는 말이 뜻하는 바는 '**교회 안의 교회**'(ecclesiola in ecclesia)를 아우르는 말로서, '**21세기 교회 갱신을 위한 소그룹 모임의 목회 패러다임을 통칭하는 의미**'이다.

웨슬리의 목회 조직에서 '**연합신도회**'와 '**속회**'를 우리는 각각 '**대목장**'(Zone)과 '**목장**'으로 명하였다. 이 부분은 열린 목회 영역으로, 비기독교인들과 아직 구원의 확신이 없는 교인들로 하여금 구원의 확신을 갖게 하는 데 목적이 있다. 이 영역에서는 '**훈련과 교육**'보다는 '**사랑과 돌봄**'의 성격이 강하게 드러나며, 여기서 가장 핵심적인 조직은 '**목장**'이다.

이와 함께 '**신도반**'과 '**선발신도반**'은 각각 '**밴드**'와 '**헌신자반**'(존 디렉터: Zone Director)으로 명하였는데, 이는 닫힌 목회 영역이다. 이 영역은 믿는 자들만의 모임으로, 구성원들 한 사람 한 사람을 철저한 헌신자로 길러내어 교회 각 분야의 사역자가 되도록 하는 데 그 목적이 있다. 즉 이들이 세상과 목장으로 파송되어 새 생명을 구원하는 중추적 역할을 하는 것이다. 따라서 밴드와 헌신자반의 성패가 밴드 교회 조직 전체의 성패를 좌우한다고 해도 과언이 아니다.

참고 사항

실전 적용 Band Case 2

매뉴얼을 알면 훨씬 좋습니다

모든 제품에는 '**매뉴얼**'(사용 설명서)이라는 것이 있습니다. 예를 들어, 컴퓨터를 사면 그 컴퓨터를 어떻게 사용해야 하는지 순서대로 잘 설명되어 있는 책자가 같이 나오는데, 그것이 매뉴얼입니다. 그래서 매뉴얼을 꼼꼼히 읽어 보면 그 제품의 사용 방법과 응용 방법까지 모두 알 수 있습니다.

밴드 목회에도 매뉴얼이 있습니다. 밴드 목회를 어떻게 실행해야 할지 막막한 분들을 위해 예수마을교회가 겪어 왔던 모든 경험을 총망라해, 가장 쉽고 가장 명확하게 밴드 목회에 도달할 수 있도록 짜여진 밴드 목회 사용 설명서입니다. 밴드 목회를 하고자 하는 분들은 이 매뉴얼대로 실행만 하면 됩니다. 다만 컴퓨터와 다른 점이 있다면, 이것은 사람의 일이기 때문에 판에 박은 듯 똑같이 실행할 필요는 없다는 것입니다. 이것을 기준으로 개교회에 맞게 적용할 수 있는 나름대로의 창의성이 요구됩니다. 하지만 매뉴얼이 있는 것과 없는 것이 어찌 같을 수 있겠습니까?

밴드 교회를 세우는 **실행 매뉴얼은 4단계**로 나뉩니다. 각 단계마다 성취해야 할 과제와 목적을 잘 이루어 낸다면 밴드 목회는 쉽게 정착할 것입니다. 이 같은 전체적인 틀을 가지고 있으면 성경 공부를 시키거나 그 밖의 여러 일을 진행할 때 목회적 목표가 뚜렷해지는 것을 경험하게 될 것입니다. 다음은 밴드목회연구원에서 제시하고 있는 밴드 목회 실행 매뉴얼입니다.

참고 사항

단계	계획
1 단계	**① 핵심 멤버(pilot group)의 선발과 교육, 훈련** 교회론, 가치관, 공동체적 삶을 중심으로 교육한다. **② 의식화 작업** 전 교인에게 설교, 성경 공부, 수련회 등을 통해 밴드에 대해 소개하고, 밴드 교회의 필요성을 강조하여 분위기를 형성한다. **③ 밴드성서대학의 운영 계획안**을 만들어 교인들에게 주지시킨다.
2 단계	**① 준밴드 형성하기** 핵심 멤버 중심으로 가입 서약서를 받고 준밴드를 형성한다. 이때 준밴드의 리더는 교역자가 된다. 준밴드원이 된 파일럿 그룹은 밴드성서대학의 중급 과정을 통해 밴드 리더가 될 수 있도록 교육받고, 제2그룹을 선발하여 파일럿 그룹이 받았던 1차 교육과 똑같은 교육을 받게 한다. **※ 밴드성서대학이 설립되면 이는 초급 교과 과정이 된다.** **② 밴드성서대학 설립** 맨 처음 파일럿 그룹을 가르쳤던 과정을 초급 과정으로 하고, 계속해서 중급, 고급 과정을 개설한다. **③ 목장 편성하기** 구조 조정표에 입각해서 목장을 나누고 준밴드원을 파송하여 목장을 운영 관리하게 한다.
3 단계	**• 밴드 형성하기** 파일럿 그룹 멤버들이 밴드 리더가 되고, 밴드성서대학 1단계를 마친 제2그룹이 밴드 멤버가 된다.
4 단계	**• 밴드와 목장의 분가**

《사모 일으키기》中

3과

하나님 나라 공동체, 밴드교회

참고 사항

3과
하나님 나라 공동체, 밴드 교회

> "날마다 마음을 같이하여 성전에 모이기를 힘쓰고 집에서 떡을 떼며 기쁨과 순전한 마음으로 음식을 먹고 하나님을 찬미하며 또 온 백성에게 칭송을 받으니 주께서 구원받는 사람을 날마다 더하게 하시니라"(행 2:46-47).

교회의 형태는 크게 '**교회형**'(Church type)과 '**소종파형**'(Sect type), 두 가지로 나눌 수 있다고 독일의 신학자 트뢸치(Ernst Troeltsch)는 분석했습니다. 제도적인 교회가 전자라면, 소그룹 목회를 하는 교회가 후자에 속한다고 볼 수 있습니다.

오늘날 대부분의 교회들은 이 두 가지 입장이 한꺼번에 실현되지 못하고 교회형이면 교회형, 소종파형이면 소종파형으로 각각 발전해왔습니다. 그러나 예수님을 따르는 목회를 하기 원한다면 두 가지 유형 중 한 가지만 취하는 것이 아니라, 두 가지 입장을 모두 가지고 있어야 합니다.

예수님은 자신의 사역 가운데 이 두 영역을 함께 아우르셨습니다. '**무리**'를 데리고 다니시며 하나님 나라의 복음을 선포하는 동시에, '**12제자**'들을 삶 속에서 철저히 양육시키셨습니다. 예수님의 사역을 이어받은 초대 교회 또한 구원받는 무리가 넘쳐나도록 말씀을 전하고 다니는 동시에, 교회 안에 들어온 교인들끼리는 철저하게 공동생활을 하며 사랑으로 하나 된 공동체를 이뤘습니다. 그 모습이 사도행전에 아주 잘 나타나 있습니다.

> "그 말을 받은 사람들은 세례를 받으매 이날에 신도의 수가 삼천이나 더하더라"(행 2:41).

하나님 나라 건설자

베드로의 첫 설교를 통해 3천 명이나 되는 무리들이 죄 사함의 세례를 받고 성도가 되었습니다. 처음 교회의 시작이 소그룹만 존재한 것은 아니라는 성서적 증거입니다. 이 밖에도 베드로와 요한의 전도를 통해 한 번에 5천 명이 예수를 믿었을 뿐 아니라(행 4:4), 사도들의 동시다발적인 사역을 통해 얼마나 많은 사람들이 예수를 믿었던지 그 숫자를 헤아릴 수 없을 정도였습니다.

"믿고 주께로 나아오는 자가 더 많으니 남녀의 큰 무리더라"(행 5:14).

그러나 초대 교회가 이렇게 숫자에만 치우쳐 사역하지는 않았습니다. 그들은 무리들을 기반으로 곳곳에 가정 교회를 만들어 소그룹 모임을 가짐으로 사랑으로 하나 된 하늘나라 공동체를 세워 갔습니다.

"믿는 사람이 다 함께 있어 모든 물건을 서로 통용하고 또 재산과 소유를 팔아 각 사람의 필요를 따라 나눠 주며 날마다 마음을 같이 하여 **성전**에 모이기를 힘쓰고 집에서 떡을 떼며 기쁨과 순전한 마음으로 음식을 먹고 하나님을 찬미하며 또 온 백성에게 칭송을 받으니 주께서 구원받는 사람을 날마다 더하게 하시니라"(행 2:44-47).

성경을 통해 증명되듯이 교회형 교회와 소종파형 교회는 예수님 당시부터 '**분리**'가 아니라 함께 '**공존**'하고 있었습니다. 그러나 오늘날 교회의 현실은 그렇지 못합니다. 아주 철저하게 분리되어 있는 경우가 많습니다. 따라서 오늘의 교회 현실을 되돌아보고 앞으로 세워야 할 성경적인 교회의 모습을 그려 보는 자세가 필요합니다. 그 해답이 '**밴드 교회**'에 있습니다.

참고 사항

1. 교회형 교회(Church type)

교회형 교회의 가장 큰 장점은 보수적인 신앙을 가지고 **포괄적인 선교를 하여 복음의 확장에 큰 공로를 세웠다는 점**입니다.

특징으로는 성직 계급에 의해 성경이 해석되고 성례전이 집행되며, 교회의 본질을 보존한다는 측면에서 사도(목회자)의 권위와 전통을 중시하는 경향을 보입니다. 그런 연유로 교회형 교회에서는 무엇보다 교육적인 기능이 강하게 부각됩니다. 이 입장에서 신도는 교회의 멤버가 되는 일이 중요하게 여겨집니다. 기존에 있는 대부분의 교회들이 교회형 교회에 속한다고 볼 수 있습니다.

그러나 교회형 교회는 다방면에서 치명적인 약점을 지니는데 몇 가지만 간략히 언급하자면, 우선 대규모의 비인격적인 그룹이 양산된다는 것입니다. 그 결과 성도 간의 관계보다는 행사 중심의 교회가 되기 쉬우며, 성도의 임무는 교회 출석과 헌금 생활 등으로 축소되어 버립니다. 또한 교회의 구조가 몇몇 직업 목회자 중심으로 구성되기 때문에 조직 자체가 비효율적인 모습을 띠게 됩니다. 무엇보다 교회형 교회의 맹점은 외적인 성장에만 치우치기 쉬우며, 이로 인해 한 생명 한 생명을 돌보아 철저한 그리스도의 제자로 만드는 일에는 등한시하게 된다는 점입니다. 이런 모습이 오늘날 기독교의 적당주의를 낳게 했고, 영적으로나 도덕적으로 부패하게 하는 원인이 되었다는 점을 부인할 수 없습니다.

2. 소종파형 교회(Sect type)

소종파형 교회의 특징은 **공동체성을 강조하며, 개체 신도들의 '완전'과 '사랑의 관계'를 중요시**합니다. 소종파형 교회의 장점 몇 가지를 살펴보면 다음과 같습니다.

첫째, 공동체의 사랑을 강조함으로써 성도 간의 친밀한 교제를 가능하게 합니다. 둘째, 교회형에서는 관심에서 소외되는 교인들이 많이 있지만, 소종파형에서는 개개인에게 목회적 관심을 깊이 기울일 수 있습니다. 셋째, 상호 격려와 후원을 통하여 교인 상호 간의 신앙 성장에 도움을 줄 수 있습니다. 넷째, 소종파형은 소그룹을 통하여 인간관계에 의해 자연스럽게 전도할 수 있고, 피전도자도 소그룹을 통하여 **빠른 시간에 친숙함을 느낄 수 있게 합니다.** 이 밖에도 소종파형 교회는 소그룹으로 인한 많은 장점을 가지고 있습니다.

이 소종파형 교회 구조는 철저하게 훈련되고 양육된 교인들을 길러내어 그들을 중심으로 소그룹을 조직하여 교회를 이끌어 갑니다. 이런 교회에서는 오직 변화된 교인만이 '교회의 회원'(church membership)이 될 수 있습니다.

그러나 소종파형 교회는 예수를 주로 고백해도 교회의 회원이 되지 못한 자들을 개교회 교인이 아닌 우주적 신자들로 봅니다. 더 나아가, 이들은 **누가복음 14장 25-35절에 근거**해 '세상 사람보다 예수님을 사랑'하고, '세상 목적보다 주님의 십자가의 길'을 가고, '모든 물질의 소유권을 주님께 이양한 자'만이 제자이며 구원받은 자이고, 그렇지 못한 사람은 구원받지 못했다고 말합니다. 이런 엄격한 기준은 철저한 성도를 길러낸다는 강점과 함께 구원의 은총을 약화시키는 문제를 낳았습니다.

누가복음 14장에 나타난 제자도는 구원받은 성도가 가져야 할 당연한 태도이지 그것 자체가 구원받는 기준이 되어서는 안 됩니다. 예수님은 12제자를 철저히 길러냈지만, 절대로 무리를 무시하지 않으셨기 때문입니다. 예수님께서는 무리를 불쌍히 여기셨고, 그들의 병과 배고

참고 사항

품, 귀신 들림의 문제들을 해결해 주셨으며, 이와 함께 천국의 복음을 전함으로 그들을 품으셨습니다. 그런 의미에서 소종파형 교회들은 좀 더 적극적이고 포괄적인 형태의 선교 활동과 여타 열린 영역에 관심을 두어야 합니다.

3. 밴드 교회(Band Ministry)

밴드 교회는 기존의 교회형 교회들을 단순히 소종파형 교회로 바꾸자는 것이 아닙니다. 그러한 시도는 매우 위험할 뿐 아니라 결코 성서적이지도 않습니다. 밴드 교회의 이상은 교회형과 소종파형 교회의 장점과 특성을 적절히 연합하여 균형 있는 모델을 만들자는 것입니다.

웨슬리는 이미 18세기에 이 두 가지 견해의 균형적인 종합을 시도했습니다. 그리하여 영국 사회는 물론 전 세계에 영향력을 끼치는 교회를 이뤄냈던 것입니다. 베이커(Baker)는 웨슬리의 교회론이 두 개의 다른 교회의 비전을 합친 것이라고 평가하며 다음과 같은 말을 했습니다.

"**웨슬리**는 그의 생애 동안에 근본적으로 **다른 두 교회관에 열정을 가지고 대응**하였다. 하나는 '**역사적 제도**'로 보는 교회관이다. 이들 교회 제도가 직책의 계승과 관례를 이어받음으로 사도적인 교회와 유기적으로 연결되어 있다고 본다. 이 교회에서는 사제 계급들이 봉사했다. 이들은 성경을 바르게 해석하며 성례전을 집행함으로, 세례를 받고 교인이 된 사람들에게 고대의 전통을 보존해 왔다. 또 하나의 관점은 교회를 '**성도의 사귐**'으로 보는 것이다. 이들은 살아 계신 하나님의 현존에 대한 사도적인 체험을 나누며, 또한 예언이나 지도력과 같은 성령의 특별한 은사를 받은 사람들이 회중에게 가장 유력한 방법으로 보이는 예배나 전도를 통해 개인적인 체험을 다른 사람들에게도 경험하게 해주길 원한다. 전자는 교회의 본질을 보존해야 할 고대 제도로 보는 것이며, 후자는 교회의 본질을 세계 선교의 사명을 지닌 소수의 신앙인으로 보는 것이다. 즉 전자는 **'전통'**에서 보는 것이며, 후자는 **'산 관계'**에서 보는 것이다."

웨슬리는 제도적인 측면(교회형)이 강한 교회에 새로운 기독교인 공동체(소종파형)의 활력을 불어넣으려는 노력을 통해 이 양자를 종합하였습니다. 밴드 목회가 추구하는 바가 바로 이것입니다. **내적으로는** 공동체 안에 들어온 사람들을 성화 훈련을 통해 철저한 그리스도인으로 만들고, **외적으로는** 전문화된 열린 교회가 되어 지역사회와 믿지 않는 사람들을 끌어안는 것입니다. 다시 말해, **믿는 자들끼리는 성숙한 그리스도인이 되어 깊은 그리스도의 사랑을 나누고, 믿지 않는 자들에게는 무한히 열린, 그래서 항상 축제가 있고 기쁨이 넘치는 그런 교회를 만들자**는 것입니다.

밴드 교회에서 그 두 축을 담당하는 것이 '밴드'와 '목장'입니다. 교회형 사역은 목장에서, 소종파형 사역은 밴드에서 감당하는 것입니다.

참고 사항

이 두 사역이 적절히 조화를 이룸으로 소그룹을 통해 성숙한 그리스도인을 만들고(밴드), 이들이 세상에 나가 사회적으로 큰 영향력을 끼치는(목장) 21세기형 초대 교회가 바로 '밴드 교회' 입니다.

밴드 교회 Check Point 3

목장과 밴드의 유기적 관계

1. 밴드 : 성화된 삶을 추구하는 이들을 훈련시키는 모임

성화된 인격과 영성 훈련을 통해 밴드원들 모두는 하나님의 영적 군대로 무장하게 된다. 이를 통해 밴드원들은 교회 각 분야의 사역자가 될 뿐 아니라, 세상과 목장에 파송되어 구원의 확신이 없는 자들을 구원에 이르도록 이끄는 역할을 감당하게 된다. 이 밴드원들이 밴드 교회의 구심점으로서 교회와 세상의 영적 흐름을 주도하는 이 시대의 첨병들이다. 한마디로, 밴드는 소종파형 사역이 극대화된 모습이라 할 수 있다.

2. 목장 : 구원 사역에 중점을 두는 모임

목장은 세상을 향해 열린 공동체로서 비기독교인들과 아직 구원의 확신이 없는 교인들을 구원시키는 것을 목적으로 한다. 밴드는 훈련이 중요하지만 목장에서는 돌봄이 가장 중요하다. 어린 영혼들을 성장시키기 위해서는 돌봄이 더 필요하기 때문이다. 따라서 목장은 하나님의 복음이 선포되는 곳인 동시에, 성령의 역동적인 역사를 통하여 하나님의 군사들이 계속해서 세워져 가는 장이다. 교회형 교회가 가지고 있는 장점이 여기서 흡수된다.

3. 밴드 교회는 밴드와 목장의 두 축을 기반으로 성장한다

이처럼 **밴드 교회의 핵심 구조**는 '**밴드**'와 '**목장**'에 기반해 있으며, 이 두 조직이 상호 보완적으로 관계함으로써 보다 건강하고 생명력 있는 교회로 거듭 성장하게 된다. 이 목회 구조가 자리 잡게 되면 **성숙한 그리스도인을 만드는 것**과 **성숙한 그리스도인의 사역의 장**이 유기적으로 결합하게 되어 사역의 효과를 극대화 할 수 있다.

[목장 증가 도표]

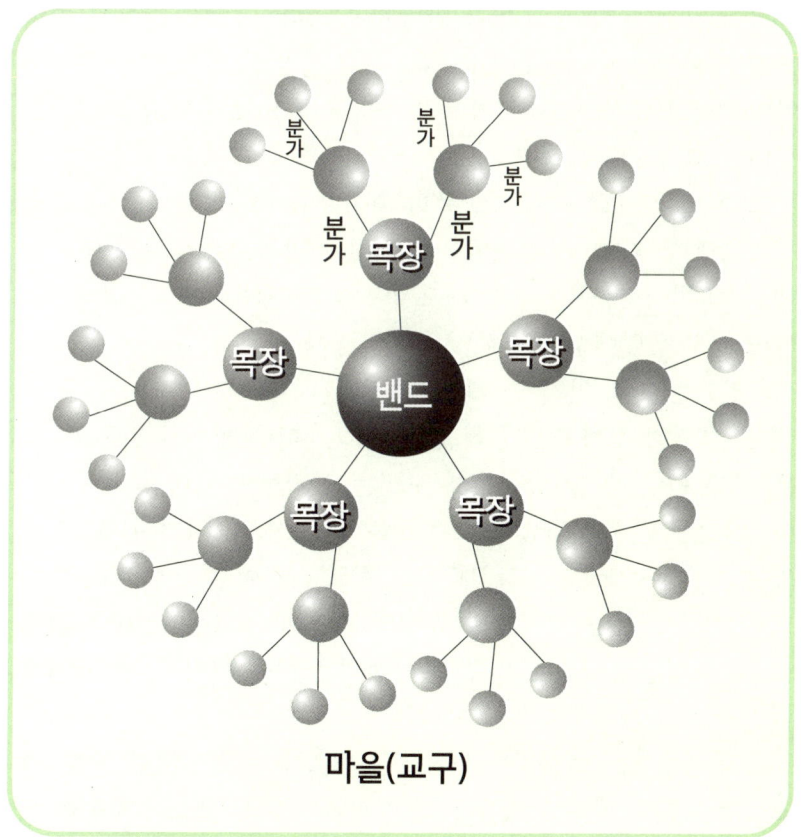

참고 사항

실천 적용 Band Case 3

조화로운 목회를 향하여!

나는 지난 17년간 시장 사람들과 더불어 살면서 그들이 하나님의 은총과 하나님의 구원하심을 깨닫게 하기 위해 무던히 애썼다. 구원받는 무리가 더 늘어날 수만 있다면 나는 어떤 방법이든지 마다하지 않았다. 트뢸치의 말을 빌리자면, 나는 그야말로 전형적인 교회형 목회를 해왔다. 은총과 구원에 대한 강한 선포를 통해 많은 사람들이 교회 안에 남아 있도록 하는 것이 나의 일차적인 목회적 관심이었다. 그렇기 때문에 지리적으로 불리한 여건임에도 불구하고 교회는 급성장할 수 있었다.

그런데 전혀 성숙하지 않는 성도들을 보며 뭔가 잘못됐다는 생각이 들기 시작했고, 급기야 점점 더 지쳐만 갔다. 그 와중에 소종파형 모델 교회(셀 교회)를 만나게 되었다. 그것은 너무나 매력적인 것이었으며, 나의 넋을 빼놓기에 충분한 것이었다. 공동체 안에서의 끈끈한 사랑과 전적인 나눔은 참으로 아름다운 그리스도인의 모습으로 다가왔다.

그 후 나는 교회를 소그룹 목회 패러다임으로 전환하기 위해 최선의 노력을 다했다. 교인들을 철저하게 말씀으로 양육하기 시작했고, 급기야 이전에 내가 해오던 목회적 방법이 모두 실패였노라고 성도들 앞에서 선언하기에 이르렀다.

그러고는 교회 안에 소그룹 운동을 활성화하기 위해 전력을 다했다. 특별히 성화를 추구하는 밴드를 제대로 세우기 위해 내 모든 것을 쏟았다. 그러자 눈에 보이는 성과들이 나타나기 시작했다. 거기에 안주하지 않고 소그룹을 더 활성화시키기 위해 할 수 있는 것은 다 해봤다. 그런데 어느 정도 시간이 지나자 오히려 밴드를 비롯해 목장 모임까지 침체의 기운이 느껴졌다. 내 나름대로 그 문제들을 타개하기 위해 최선의 노력을 했지만, 별 효과가 없었다.

그 과정을 겪으며 한 가지 깨달은 중요한 사실은 열린 영역, 즉 교회형 교회가 가지고 있는 사역 정신과 선교적 열망이 지속적으로 불어넣어지지 않으면 소그룹 모임까지 매너리즘에 빠진다는 것이었다. 그런 깨달음이 있고 나서야 원래 우리 교회가 가지고 있었던 장점들이 보이기 시작했다. 철야 예배의 뜨거운 영적 체험, 다양한 영역에서의 활발한 사역 등이 그것이었다.

하나님의 교회는 계속해서 무리들이 교회에 모이도록 힘써야 하며, 동시에 구원받은 자들이 공동체 안에서 철저히 하나님 뜻대로 살게 해야 한다는 것을 알게 되었다. 예수님을 따르던 사람들도 보면 "허다한 무리들", "제자들", "열두 제자" 등 다양한 부류가 있었다. 예수님은 그들 모두를 당신의 관심 안에 두셨다. 궁극적으로 모든 자를 헌신된 제자로 만드는 것이 예수님의 목표였지만 그렇지 못한 자들에게도 관심과 사랑을 나눠 주셨던 것이다.

나는 이런 면에 주목하기 시작했다. 성숙한 그리스도인을 양육하는 데는 지금까지의 나의 목회가 실패였다고 자인했지만, 선교적 측면에서는 긍정적인 성과들이 많았다는 생각이 든 것이다. 어느 한쪽도 포기할 수 있는 성격의 것이 아니라 함께 균형을 맞춰 나가야 하는 것이었다. 나는 이 점을 간과했고, 이것 아니면 저것이라는 이분법적인 논리에 빠짐으로 결국 또 다른 한쪽으로 기우뚱한 모습이 됐던 것이다.

그 깨달음이 있은 후 이전에 우리 교회 안에 있었던 강점들을 다시금 활성화시키며(철야 예배, 주일 예배, 전도 팀 사역 등), 소그룹 운동을 더 강력하게 펼쳐 갔다. 그 결과 소그룹은 소그룹대로, 전체 교회는 전체 교회대로 탄력을 받아 더 풍성한 부흥을 맛보게 되었다.

이제는 분명히 말할 수 있다. 대중적이고 선교 지향적인 면을 발전시킴과 더불어 내적인 공동체를 강화하는 것이 온전한 목회의 방향이라고 말이다. 그런 의미에서 나는 다시 한 번 지난날의 내 발자취에 대해 평가하고자 한다.

"17년간의 목회는 실패가 아니었다. 다만 부족할 따름이었다."

《교회의 체질을 바꿔라》 中

4과

예수님은 어떻게 제자를 만드셨나?

참고 사항

4과
예수님은 어떻게 제자를 만드셨나?

> "내 안에 거하라 나도 너희 안에 거하리라 가지가 포도나무에 붙어 있지 아니하면 스스로 열매를 맺을 수 없음같이 너희도 내 안에 있지 아니하면 그러하리라"(요 15:4).

밴드 교회에 대한 전체적인 틀을 세웠다면 이제 구체적으로 거룩한 씨앗인 밴드원을 만들어 가야 합니다. 사람을 세우는 데 가장 좋은 모델은 예수님께서 제자들을 세우신 방법입니다. 그렇다면 예수님께서는 어떻게 제자들을 부르시고 훈련시키셔서 하늘나라 건설자가 되게 하셨는지 배워 보도록 하겠습니다.

하나님 나라 건설자

1 단계 – 와서 보라!

"(요한의)두 제자가 그의 말을 듣고 예수를 따르거늘 예수께서 돌이켜 그 따르는 것을 보시고 물어 이르시되 무엇을 구하느냐 이르되 랍비여 어디 계시오니이까 하니 (랍비는 번역하면 선생이라) 예수께서 이르시되 **와서 보라** 그러므로 그들이 가서 계신 데를 보고 그날 함께 거하니"(요 1:37-39 상).

가장 첫 단계는 '**초청의 단계**'입니다. 예수님께서는 제자들을 초청하셔서 그들에게 하늘로부터 온 능력과 말씀을 경험하게 하셨습니다. 제자들이 예수님을 경험하게 되었을 때, 그들은 비로소 예수님의 메시지에 깊은 관심을 갖게 되었고, 결국 예수님의 제자가 되었습니다. 나다나엘도 그런 제자 중 한 명입니다.

참고 사항

"나다나엘이 이르되 나사렛에서 무슨 선한 것이 날 수 있느냐 빌립이 이르되 **와서 보라** 하니라"(요 1:46).

예수 그리스도를 만난 빌립이 나다나엘을 인도하려 할 때, 나다나엘은 나사렛에서 무슨 선한 것이 날 수 있느냐며 빌립의 증거를 믿으려 하지 않았습니다. 그때 빌립은 나다나엘과 논쟁하지 않고 **"와서 보라!"**고 강권함으로써 그를 예수님 앞까지 데리고 나옵니다. 빌립은 그만큼 예수 그리스도에 대한 확신이 있었던 것입니다. 그렇게 빌립의 손에 끌려간 나다나엘은 예수님을 만나자마자 자신이 지금껏 기다려 왔던 메시아임을 깨닫게 됩니다.

"나다나엘이 대답하되 랍비여 당신은 하나님의 아들이시요 당신은 이스라엘의 임금이로소이다"(요 1:49).

빌립이 자신 있게 "와서 보라!"고 한 결실이 맺어진 현장입니다. 마찬가지로 수가 성 우물가의 여인도 예수 그리스도를 만났을 때 온 동네 사람들을 향해 "와서 보라!"고 외침으로 많은 결실을 얻었습니다 (요 4:28-29).

이와 같이 예수님께서는 하나님의 사람을 세우실 때 가장 먼저 초청을 하셨습니다. 그저 자신의 삶에 분주한 그들에게 "와서 보라!"고 하심으로써 주님의 공동체에 대해 관심을 갖게 하신 것입니다.

참고 사항

2단계 – 나를 따르라!

예수님께서는 제자들을 초청하여 부르시고는 **"나를 따르라!"**고 하십니다.

> "예수께서 이르시되 **나를 따라오라** 내가 너희로 사람을 낚는 어부가 되게 하리라 하시니"(막 1:17).

예수님은 오늘날 교회에서 통용되는 기준과는 다른 선택의 기준을 갖고 제자들을 택하셨습니다. 그는 사회의 탁월한 지도자를 부르지 않으셨습니다. 지극히 평범한 사람들을 부르셨습니다. 그들은 대부분 유대 사회의 주변을 맴도는 하급 사람들로서 무슨 운동(movement)을 일으킬 만큼 특별한 사람들이 아니었습니다.

예수님께서는 지금도 교육 정도나 능력, 또는 배경에 관계없이 평범한 사람들을 부르고 계십니다. 그분은 단지 우리 자신에 대한 관심을 가지고 부르십니다. **예수님께서는 지극히 평범한 사람을 부르셨지만, 그의 부르심은 결코 평범한 것이 아니었습니다.** 자신의 그물을 모두 내려놓고, 직업을 그만두고, 가족을 떠나 온전히 따를 것을 요구하는 부르심이었습니다.

> "곧 그물을 버려두고 따르니라"(막 1:18).

부름을 받은 자들이 **"나를 따르라!"**는 말 한마디에 자신의 삶의 터전을 버리고 예수님을 따랐을 때, 그들은 비로소 예수님의 제자가 될 수 있었습니다. 이렇게 제자가 된 이들을 예수님께서는 함께하는 삶을 통해 친히 가르치시고 훈련시키셨습니다.

3단계 – 나와 함께하라!

예수님께서는 자신의 공생애 기간 내내 제자들과 함께하며 그들을 삶으로 가르치셨습니다. 이것이 가장 핵심적으로 예수님께서 제자들을 키우셨던 방법입니다.

"이에 열둘을 세우셨으니 이는 **자기와 함께 있게 하시고** 또 보내사 전도도 하며 귀신을 내쫓는 권능도 가지게 하려 하심이러라"(막 3:14-15).

예수님께서 제자들을 파송하실 때 전제가 있었습니다. 그것은 **'함께 함'**이었습니다. 예수님은 **"자기와 함께 있게 하시고"**, 그다음에 세상에 보내사 전도도 하며 귀신을 내쫓는 권세도 있게 하셨습니다.

여기서 우리는 사람을 훈련시키는 가장 중요한 방법이 '가르침' 이 아니라, '삶의 나눔' 에 있다는 것을 깨달아야 합니다. 그래서 예수님께서는 모든 사역의 현장에 항상 자신의 제자들을 데리고 다니신 것입니다.

"그 후에 예수께서 각 성과 마을에 두루 다니시며 하나님의 나라를 선포하시며 그 복음을 전하실새 열두 제자가 함께하였고"(눅 8:1).

참고 사항

제자들과 함께하는 예수님의 삶은 십자가를 바로 코앞에 둔 시점까지 변함없었습니다.

"이르시되 성 안 아무에게 가서 이르되 선생님 말씀이 내 때가 가까이 왔으니 내 제자들과 함께 유월절을 네 집에서 지키겠다 하시더라 하라 하시니"(마 26:18).

마지막 순간까지 제자들과 함께하셨던 예수님께서는 겟세마네 동산을 향해 가기 전에 마지막 고별 말씀을 하실 때에도 이렇게 당부하십니다.

"**내 안에 거하라** 나도 너희 안에 거하리라 가지가 포도나무에 붙어 있지 아니하면 스스로 열매를 맺을 수 없음같이 너희도 내 안에 있지 아니하면 그러하리라"(요 15:4).

지금까지 나와 함께하는 삶을 살았던 것처럼 언제나 **내 안에 거하라**는 말씀입니다. 이제 십자가의 길을 떠나시는 주님 안에 우리가 어떻게 거할 수 있습니까? 주님과 함께할 때 들었던 그 음성(말씀)을 되뇌며 그 말씀에 따라 살아가면 됩니다. 이것을 가능케 하는 힘은 '성령'입니다.

4단계 – 성령을 받으라!

예수님께서는 유언을 남기는 중에 성령에 대한 다섯 가지 가르침을 주십니다.

"보혜사 곧 아버지께서 내 이름으로 보내실 성령 그가 너희에게 모든 것을 가르치고 내가 너희에게 말한 모든 것을 생각나게 하리라"(요 14:26).

참고 사항

첫째, 성령님께서 함께하시면 우리가 늘 예수님 안에 거할 수 있도록 말씀을 가르쳐 주시고 기억나게 하신다는 것입니다. 이로써 우리는 언제나 예수님 안에 거하는 삶을 살 수 있습니다.

"내가 아버지께로부터 너희에게 보낼 보혜사 곧 아버지께로부터 나오시는 진리의 성령이 오실 때에 그가 나를 증언하실 것이요"(요 15:26).

둘째, 성령님께서는 예수 그리스도를 증거해 주십니다. 그래서 우리가 성령을 충만히 받게 되면 성령님을 통해 예수 그리스도를 증거 하는 자가 되는 것입니다.

"내가 떠나가는 것이 너희에게 유익이라 내가 떠나가지 아니하면 보혜사가 너희에게로 오시지 아니할 것이요 가면 내가 그를 너희에게로 보내리니 그가 와서 죄에 대하여, 의에 대하여, 심판에 대하여 세상을 책망하시리라"(요 16:7 하-8).

셋째, 보혜사 성령님이 오시면 우리의 잘못된 삶을 책망하시고 바른 길로 인도해 주십니다(〈사역하는 그리스도인〉 4과 참조).

"그러나 진리의 성령이 오시면 그가 너희를 모든 진리 가운데로 인도하시리니 그가 스스로 말하지 않고 오직 들은 것을 말하며 장래 일을 너희에게 알리시리라"(요 16:13).

넷째, 성령님께서는 우리를 진리 가운데로 인도하시는 일을 하십니다. 그러므로 성령 충만한 사람은 진리 가운데 거하며 빛과 소금의 삶을 살 수밖에 없습니다.

"그가 내 영광을 나타내리니 내 것을 가지고 너희에게 알리시겠음이라"(요 16:14).

참고 사항

다섯째, 성령님께서 행하시는 사역은 오직 예수님의 영광만을 나타내는 것입니다.

예수님께서는 성령님에 대해 모든 것을 가르치신 후에 자신의 사역을 마무리하십니다. 성령이 하나님의 사역자로 서는 데 얼마나 중요했으면 부활하신 후 제자들에게 처음 나타나셔서 하신 말씀도 **"성령을 받으라"**였겠습니까?

"그들을 향하사 숨을 내쉬며 이르시되 성령을 받으라"(요 20:22 하).

제자들이 성령을 받게 되었을 때에야 비로소 예수님과 같은 사역자로 설 수 있었습니다. 그러나 예수님의 가르침은 여기서 끝나지 않았습니다. 성령 받은 자가 되었다면 예수님처럼 세상에 나가 하나님 나라의 사역을 완성하라는 것이 예수님의 마지막 가르침이었습니다.

5단계 – 가서 제자 삼으라!

"그러므로 너희는 가서 모든 민족을 제자로 삼아 아버지와 아들과 성령의 이름으로 세례를 베풀고 내가 너희에게 분부한 모든 것을 가르쳐 지키게 하라 볼지어다 내가 세상 끝 날까지 너희와 항상 함께 있으리라 하시니라"(마 28:19-20).

예수님께서는 자신의 마지막 가르침으로 **"가서 제자 삼으라"**고 명하십니다. 하나님의 복음으로 자신만 변화되는 것이 아니라, 세상에 나가 그들을 제자 삼아 하나님과 예수 그리스도와 성령의 이름으로 세례를 주고 지금까지 너희에게 분부한 모든 것(1-4단계)을 가르쳐 지키게 하라는 명령입니다.

"오직 성령이 너희에게 임하시면 너희가 권능을 받고 예루살렘과

온 유대와 사마리아와 땅 끝까지 이르러 내 증인이 되리라 하시니라"(행 1:8).

제자들이 마가의 다락방에서 성령의 능력을 받게 되었을 때, 예수님을 통해 보고 배운 대로 세상에 나가 허다한 무리를 제자 삼는 복음의 증인이 되었습니다. 그 씨앗이 심겨져 이 땅에 하나님의 교회가 세워진 것입니다

참고 성경 구절

※ **참고 성경 구절** - "사도와 함께 모이사 그들에게 분부하여 이르시되 예루살렘을 떠나지 말고 내게서 들은 바 아버지께서 약속하신 것을 기다리라 요한은 물로 세례를 베풀었으나 너희는 몇 날이 못 되어 성령으로 세례를 받으리라 하셨느니라" (행 1:4-5).

전체적으로 정리하자면, **"와서 보라"** → **"나를 따르라"** → **"나와 함께 하라"** → **"성령을 받으라"** → **"가서 제자 삼으라"**, 이것이 예수님께서 평범한 사람을 부르셔서 하나님의 위대한 사도를 만드신 방법입니다.

참고 사항

밴드 교회 Check Point 4

밴드 교회 제자 삼기

예수님께서 제자를 세우신 방법이 밴드 교회에서 가장 중요한 헌신된 제자를 세우는 데 유용한 통찰을 준다. 예수님께서 제자들을 훈련하신 방법을 밴드 교회 구조에 맞춰 보면 다음과 같다.

1단계 - 와서 보라!

사랑의 공동체인 밴드 교회를 경험할 수 있도록 누구나 초청하는 것이다. 그 방법은 열린 예배, 전도 집회 등 여러 가지가 있을 수 있다. 그러나 밴드 교회가 지향하고 있고, 또한 가장 효과적인 초청은 **'목장 모임'**에 초청하는 것이다. 교회까지는 안 오더라도 주위의 친척이나 동네 친구들을 자연스럽게 집에 초청하여 함께 음식을 나누고, 사랑도 나누면서 서서히 복음을 접할 수 있도록 하는 것이다. 그 과정을 통해 그들이 자발적으로 복음에 대해 마음이 열릴 수 있도록 이끌어 가야 한다.

이 단계의 가장 핵심적인 목적은 그들로 하여금 **하나님과 복음에 대해 관심을 갖게 하는 것**이다. **태신자** 또는 **영적 아이**를 이 단계에 속한 자로 분류할 수 있다.

2단계 - 나를 따르라!

밴드 교회에 관심을 갖게 된 이들을 그저 방관만 하고 내버려 둬서는 안 된다. 그렇게 되면 언젠가는 그들의 관심은 식게 되고 다

하나님 나라 건설자

지금 세상으로 나가 버리기 때문이다. 목장 모임(오이코스 전도)을 통해 복음에 관심을 가지게 된 사람들을 이제는 교회 공동체 안으로 끌고 들어와야 한다. 그러나 절대 억지로 모임에 끌어들여서는 안 되며, 자발적으로 공동체에 참여하고 싶은 마음이 들도록 해야 한다.

이 단계에서 밴드 교회의 성경 공부를 시작하도록 권면하고, 기도와 교제, 목장 활동 등 하나님의 사람이 되기 위한 과정을 거치게 해야 한다. 이 시기는 **'훈련'**이 주된 목적이 아니고, **'돌봄'**이 주된 관심이다. 돌봄을 통해 계속해서 사랑의 영양분을 공급함으로 잘 성장할 수 있도록 해야 한다는 말이다. 이들은 **영적 어린이**로서 성장 과정에 있는 이들이다.

3단계 - 나와 함께하라!

예수님께서 그러셨듯이 밴드 교회도 함께하는 삶을 통해 참된 그리스도인을 길러내야 한다. 예수님께서 제자들을 훈련시키신 방법은 **'How' (어떻게; 프로그램)**가 아니었다. **'Who' (누구; 사람)**였다. 즉 방법이 아니라, 사람을 만드는 데 모든 관심을 쏟으셨다는 뜻이다. 오늘날 많은 교회들이 '프로그램이나 교재'를 통해 성숙하고 헌신된 성도를 만들려고 노력하지만, 그런 방법으로는 절대 성숙한 그리스도인이 나오지 않는다. 삶의 본을 보이고, 삶을 함께하며 가르칠 때 성숙한 그리스도인이 길러지는 것이다. 가정에서도 마찬가지이다. 인자하고 성숙한 부모님 아래서 자란 자녀는 부모의 성품을 그대로 닮아 자신도 모르는 사이에 그 삶이 몸에 배게 된다.

참고 사항

성도 →	프로그램 및 교재(How)	→ 비성숙한 성도
제자 →	예수님 자신의 삶(Who)	→ 성숙한 제자

이 단계는 **영적으로 청년**이 된 상태로 밴드 멤버가 될 수 있는 수준에 이른 것이다. 이들을 온전히 영적 아비와 어미가 될 수 있도록 훈련시켜야 하며, 스스로도 돌봄을 받던 위치에서 영적 부모가 되어 돌보는 자가 되어야 한다.

4단계 – 성령을 받으라!

예수님께서 구체적으로 성령에 대한 가르침을 주신 것은 마지막 유언 때이다(요 14-16장). 예수님을 따라 세상에 나가 단독으로 사역을 감당하는 자가 되기 위해서는 성령을 의지해야 하기 때문이다. 그래서 예수님께서는 부활 후 제자들을 처음 만나는 자리에서 **"성령을 받으라"**고 하셨고, 승천하시면서도 예루살렘에서 **"성령을 기다리라"**고 하셨던 것이다. 오직 성령을 받은 후에야 온전한 영적 어미, 아비가 되어 세상을 품을 수 있기 때문이다.

물론 그리스도인은 어느 때든지 성령이 임하는 삶을 살아야 한다. 그러나 단독으로 가정을 꾸리는 영적 부모가 되기 위해서는 더더욱 성령 충만을 통해 주님의 인도를 받는 삶이 되어야 한다.

이 단계는 **평신도 지도자**가 되는 단계이다. 이제는 완전히 장성한 그리스도인이 되어 영적 아이를 낳고, 어린 영혼들을 길러 내며, 삶의 가르침을 통해 영적 청년에 이른 자들을 영적 어미와 아비가 될 수 있도록 훈련시켜야 한다.

참고 사항

5단계 - 가서 제자 삼으라!

예수 그리스도의 복음으로 장성한 자가 되었다면 이제 세상으로 파송되어야 한다. 이 단계는 영적으로 볼 때 영적 아이였던 자가 온전히 장성한 자가 되어 새 가정으로 분가하는 것과 같은 이치이다.

[목장 성장과 분가 원리]

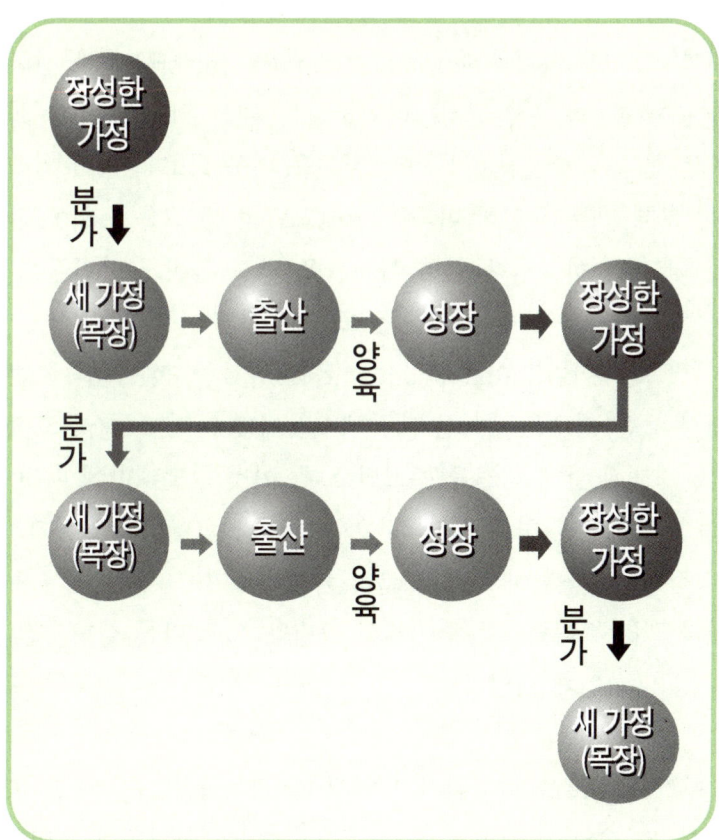

참고 사항

실전 적용 Band Case 4

프로그램은 이제 그만!

우리 교회(예수마을교회)는 시장에서 뿌리를 내리고 자란 교회이기에 전반적으로 교인들이 거칠고 투박한 면이 있다. 그런 그들을 예수님의 제자로 기르기 위해 두문불출 최선을 다해 목회를 해왔다. 소위 좋다는 프로그램은 다 시도해 보았고, 밤새도록 철야 예배를 드리기도 하고, 발이 닳도록 심방을 다니며 권면도 해봤지만, 별반 달라진 것은 없었다. 그만큼 자신들이 가지고 있는 가치관은 대단한 것이었다. 나는 이들을 변화시킬 방법을 찾아야 했다.

그 무렵 나는 목회학 박사 과정을 밟기 위해 미국 애슐랜드 신학대학교(Ashland Theological Seminary University)에 진학하였다. 단순한 학구적 열정이라기보다는 내가 하고 있는 목회에 새로운 활력을 불어넣고 목회적 비전을 더욱 확고히 하기 위해서였다. 그때 나는 우연히 미국 남침례교단의 셀 그룹 목회에 관해 듣게 되었다. 하나님 중심의 가치관을 가진 참된 신앙인들을 셀이라는 소그룹을 통해 길러내는 모습은 내게 큰 도전이 되었다. 특히 랄프 네이버(Ralph Neighbour, Jr.)가 쓴 '셀 그룹에 관한 안내서' 들은 새로운 시각을 제공해주기에 충분했다. 미국 교수들과 셀 그룹에 관해 의견을 주고받으며, 이것이 딜레마에 빠진 나의 목회를 새롭게 하는 데 꼭 필요한 것이라는 확신이 들었다. 그 후 직접 셀 목회를 하고 있는 교회를 둘러보며 그 생각은 더 확고해졌다. 나는 그들을 통해 이제껏 고민해 오던 바를 실현시킬 수 있는 용기를 얻게 되었다.

교회가 참으로 교회다워지기 위해 나아갈 바를 그들은 잘 보여주었다. 그것은 기술이나 프로그램의 차원이 아니었다. 그것 자

참고 사항

체로 생명력 있는 교회의 모습이었다. 끊임없이 훈련을 도입해서 교인들의 헌신을 도모하려고 했던 나의 목회 방향에 일대 변화가 필요해졌다. 모든 것을 새롭게 볼 필요가 생긴 것이다. 사업이나 일 중심도 아니요, 프로그램 중심은 더더욱 아니었다. 생명을 나누는 공동체와 그 구성원들의 사랑이 하나님 중심으로 변화되는 것이 핵심이었다. 살아 숨쉬는 역동성, 프로그램이 아닌 삶 자체를 통해 변화되어야 함을 나 스스로 절실히 느끼게 된 것이다.

그 후 한국에 돌아와 삶의 목회를 실천해 가며 셀 목회가 가지고 있는 취약점을 보완해 가던 중 웨슬리의 '밴드'와 만나게 되었고, 기존 교회를 무너뜨리지 않으면서 소그룹 목회를 적용할 수 있도록 연구에 연구를 거듭한 끝에 오늘날과 같은 밴드 교회를 세우게 되었다.

마지막으로 밴드 교회를 세우려는 이들에게 간곡히 충고하고 싶은 것이 있다면, 이제 프로그램은 그만두라는 것이다. 더 이상 프로그램만으로 성도가 변화될 수 없다. 삶을 함께 나눔으로 제자도가 몸에 배게 해야 한다. 그때 분명히 여러분은 보게 될 것이다.

"이 땅에 살아 움직이는 또 한 명의 예수를……."

《교회의 체질을 바꿔라》中

5과

예수님의 가족은 누구인가?

참고 사항

5과
예수님의 가족은 누구인가?

> "누가 내 어머니이며 동생들이냐 하시고 둘러앉은 자들을 보시며 이르시되 내 어머니와 내 동생들을 보라 누구든지 하나님의 뜻대로 행하는 자가 내 형제요 자매요 어머니이니라"(막 3:33-35).

예수님과 함께하는 삶을 통해 그분의 발자취를 따라 사는 것이 성숙한 그리스도인이 가져야 할 자세임을 깨달았습니다. 그러면 **함께하는 삶의 결정체**가 무엇입니까? '**가족**' 입니다. 따라서 교회는 '**예수님을 머리로 모시는 한 몸 된 가족 공동체**' 입니다. 이 가족 공동체의 구성원은 과연 누구일까요? 예수님께서 직접 말씀해 주셨습니다.

> "누가 내 어머니이며 동생들이냐 하시고 둘러앉은 자들을 보시며 이르시되 내 어머니와 내 동생들을 보라 누구든지 하나님의 뜻대로 행하는 자가 내 형제요 자매요 어머니이니라"(막 3:33-35).

혈연으로 맺어진 자가 자신의 가족이 아니라 하나님 뜻대로 사는 자가 자신의 가족이라는 말씀입니다. 이 말씀이 얼마나 중요했던지 각 공관복음에 모두 기록되어 있습니다(마 12:46-50; 눅 8:19-21).

그렇다면 하나님의 뜻대로 산다는 것이란 어떻게 사는 것을 의미할까요? 이에 대해 누가는 이렇게 표현했습니다.

> "예수께서 대답하여 이르시되 내 어머니와 내 동생들은 곧 **하나님의 말씀을 듣고 행하는 이 사람들**이라 하시니라"(눅 8:21).

우리가 **예수님의 가족**이 되기 위해서는 **하나님의 말씀을 듣고,** 그

하나님 나라 건설자

말씀대로 행하는 자가 되어야 합니다. 그 길만이 예수님과 한가족이 되는 유일한 길입니다. 그래서 예수님께서는 가족에 대한 가르침과 함께 바로 뒤이어 **씨 뿌리는 자의 비유**(막 4:1-20)를 통해 말씀대로 사는 삶이 어떤 것인지 상세히 가르쳐 주십니다.

첫째, 길가의 씨
"더러는 길가에 떨어지매 새들이 와서 먹어 버렸고"(4절).

이런 자들은 어떤 자들을 말합니까? **"말씀이 길가에 뿌려졌다는 것은 이들을 가리킴이니 곧 말씀을 들었을 때에 사탄이 즉시 와서 그들에게 뿌려진 말씀을 빼앗는 것"**(15절)입니다. 이들은 형식적으로, 체면치레로 혹은 사람에게 좋게 보이려고 예배당에 나오지만, 그저 이름뿐인 그리스도인들로서 예수님과 한가족이 되지 못한 자들입니다.

둘째, 돌밭의 씨
"더러는 흙이 얕은 돌밭에 떨어지매"(5절).

이들은 말씀을 들을 때에는 즉시 기쁨으로 받으나, 그 속에 뿌리가 없어 잠깐 견디다가 말씀을 인하여 환난이나 박해가 일어나면 곧 넘어져 버리는 자입니다(16-17절). 불행히도 이들에게는 환난과 박해 속에서도 주님을 위해 살아가는 모습이 없습니다. 어려움이 다가올 때 자식이 부모를 모시기 싫다 하여 내쳐 버린다면 어찌 온전한 가족이라 할 수 있겠습니까? 이런 자들도 하늘나라 가정 공동체에는 합당하지 않은 자들입니다.

참고 사항

셋째, 가시떨기의 씨

"더러는 가시떨기에 떨어지매 가시가 자라 기운을 막으므로 결실하지 못하였고"(7절).

이들은 말씀을 들었으나 그대로 행치 못하고 **"세상의 염려와 재물의 유혹과 기타 욕심이 들어와 말씀을 막아 결실하지 못하게 되는 자"**(19절)입니다. 결국 이들이 하나님 안에 온전한 가족을 이루지 못하고 있는 이유는, 주님보다 세상을 더 사랑하기 때문입니다. 한가족을 이룬 부부가 입으로는 서로 사랑한다고 고백하면서도 마음으로는 다른 여자, 다른 남자를 사랑하며 살아간다면 그 가정은 파탄에 이를 것입니다. 따라서 이런 자들도 하늘나라 가족 공동체에 합당치 않은 자들입니다. 예수님의 혈연적인 가족들도 여기에 머물러 있었기 때문에 그들을 향해 내 가족이라 하지 않으시고, 하나님의 말씀대로 사는 자가 내 가족이라고 언명하신 것입니다.

"그 형제들이 예수께 이르되 당신이 행하는 일을 제자들도 보게 여기를 떠나 유대로 가소서 스스로 나타나기를 구하면서 묻혀서 일하는 사람이 없나니 이 일을 행하려 하거든 **자신을 세상에 나타내소서** 하니 이는 그 형제들까지도 예수를 믿지 아니함이러라"(요 7:3-5).

하나님의 뜻이 아닌 자신을 나타내는 것, 그것이 바로 세상의 욕심이고, 세상을 사랑함입니다. 예수님의 가족이라 하면서도 예수를 믿지 않았기 때문에 이런 권유를 한 것입니다. 그래서 그들은 예수님의 가족이 될 수 없었습니다.

넷째, 옥토의 씨

"더러는 좋은 땅에 떨어지매 자라 무성하여 결실 하였으니 삼십 배나 육십 배나 백 배가 되었느니라"(8절).

이 말씀의 의미를 예수님께서 이렇게 설명하십니다.

"좋은 땅에 뿌려졌다는 것은 곧 말씀을 듣고 받아 삼십 배나 육십 배나 백 배의 결실을 하는 자니라"(20절).

말씀을 듣고, 받아, 그 말씀대로 행하는 철저한 순종을 보일 때, 아름다운 결실을 얻을 수 있습니다. 이런 자가 하늘나라 공동체의 가족입니다.

"나더러 주여 주여 하는 자마다 다 천국에 들어갈 것이 아니요 다만 하늘에 계신 내 아버지의 뜻대로 행하는 자라야 들어가리라"(마 7:21).

하나님의 말씀대로 살지도 않으면서 입으로만 "주여"를 외치는 자들은 마지막 날에 절대로 하나님 나라의 가족이 되지 못한다고 예수님께서 경고하십니다. 다만 하나님의 뜻(말씀)대로 행한 자라야 하나님의 가족으로 인정받을 수 있습니다.

그렇다면 **예수님의 가족이 된 우리의 사명**이 무엇일까요? **먼저는 가족 된 이들끼리 서로 사랑하여 하나를 이루는 것**이요, **둘째는 가족 공동체가 계속 확장되어 이 땅에 하늘나라를 건설하는 것**입니다. 이 모든 일을 이루는 힘의 근원은 **'사랑'**입니다. 왜입니까? 이 모든 일을 가능케 하시는 하나님 자체가 사랑이시기 때문입니다.

"사랑하는 자들아 우리가 **서로 사랑하자** 사랑은 하나님께 속한 것이니 사랑하는 자마다 하나님으로부터 나서 하나님을 알고 사랑하지

※ **참고 성경 구절** - "네가 하나님은 한 분이신 줄을 믿느냐 잘하는도다 귀신들도 믿고 떠느니라 아아 허탄한 사람아 행함이 없는 믿음이 헛것인 줄을 알고자 하느냐 우리 조상 아브라함이 그 아들 이삭을 제단에 바칠 때에 행함으로 의롭다 하심을 받은 것이 아니냐 네가 보거니와 믿음이 그의 행함과 함께 일하고 행함으로 믿음이 온전하게 되었느니라"(약 2:19-22).

참고 사항

아니하는 자는 하나님을 알지 못하나니 이는 **하나님은 사랑이심이라**"(요일 4:7-8).

그러나 오늘날 교회가 이 사명을 온전히 감당하지 못하고 있습니다. 우선 서로 사랑함으로 한가족을 이루지도 못할 뿐더러, 그 기반이 없으니 세상 속에 하늘나라를 건설하지도 못합니다. **오늘날의 교회**를 보면 '**가족**'이 아니라 마치 '**고아원**' 같습니다. 교회라는 이름은 가졌으나 가족들이 영적으로 연합되어 있지 않으므로 목사는 고아원의 원장에 불과합니다. 그가 매 주일 밥을 차려놓고 입을 벌리라고 하고는 먹여 주면 성도들은 그저 그것만 받아먹습니다. 그것이 전부입니다.

이 모습을 벽돌에 비유한다면, 오늘날 대부분의 교회는 한 무더기의 벽돌더미에 불과합니다. 주 안에 한가족이라고 말은 하지만 함께 연합되지는 않습니다. 하나님의 말씀에 대한 반응도 가지각색입니다. 그 말씀 그대로 행하는 자들이 너무나 드뭅니다. 만약 우리가 서로 강하게 연결되어 건물을 이루고 있다면(한 몸 된 가족), 벽돌 중 그 어느 것도 쉽사리 건드리지 못할 텐데 말입니다.

우리는 하나님 앞에 참으로 놀랍고도 경이로운 벽돌입니다. 우리 자체가 건물을 이루는 역할을 하기 때문입니다. 우리 모두는 건물을 짓는 자로 부름 받았습니다. 다시 말해, 하늘나라 가족 공동체를 세우는 자로 부름 받았다는 것입니다. 그래서 우리는 '**하늘나라 건설자**'입니다. 각 사람을 취해서 적절한 관계를 이루어 서로 사랑함으로 모든 지체가 연합하여 한 몸 된 성전을 세워야 합니다.

주님께서 다시 한 번 말씀하십니다. "**누구든지 하나님의 뜻대로 행하는 자가 내 형제요 자매요 어머니이니라**"(막 3:35). 이 말씀 앞에 한 알의 밀 알이 되어 자신을 온전히 썩힘으로 주님의 뜻을 이루는 자가 되길 간절히 원합니다.

밴드 교회 Check Point 5

밴드 아가페

밴드 교회를 다른 말로 표현하면 **'한몸 된 가정 공동체'**이다. 그래서 적어도 밴드에 가입한 사람이라면 주님 안에 한가족이라는 의식이 철저해야 한다. 그런 정신을 고취시키기 위해서는 **'밴드 모임'**을 갖는 것과 함께 **'밴드 아가페'**를 갖는 것이 중요하다. 밴드 아가페는 원래 웨슬리가 밴드원들의 영적 힘을 공급하기 위해 진행했던 **'애찬식'**이었다.

웨슬리 스스로 "우리는 초대 교회 기독교인들이 했던 것처럼 기쁨과 진심으로 떡을 먹게 되길 바란다. 이 애찬식에서의 음식은 오로지 작고 소박한 케이크와 물뿐이다. 그러나 우리는 **'영원한 생명으로 남는 것'**을 가지고 돌아간다"라고 고백했을 만큼 중요하게 여겼던 모임이다.

밴드 아가페는 말 그대로 밴드원들의 사랑을 확인하고 표현하는 장이다. 이 모임은 분기별로 한 번씩 모이는 것을 원칙으로 하지만, 상황에 따라 그보다 더 늦춰질 수도 있고 당겨질 수도 있다. 이는 담임목회자의 영적 판단과 평신도 지도자들과의 협의를 통해 진행한다.

모임은 만찬을 나누는 친교로 시작된다. 초대 교회의 만찬과 같이 서로 음식을 나누는 가운데 친밀한 교제를 느낄 수 있기 때문이다. 일단 만찬이 끝나면 담임목회자의 메시지가 있게 되고, 이어서 밴드 모임을 비롯한 기도회, 세족식, 성찬식, 애찬식 등 그때그때 교회의 영적 필요에 따라 다양한 프로그램을 진행할 수 있다.

가장 중요한 것은 정신인데 **"밴드원들 모두가 그리스도의 사랑으로 말미암아 하나님의 자녀가 되었고, 주 안에서 한가족이 되었음을 확인하는 것이 가장 중요하다."**

참고 사항

이렇게 받은 은혜는 서로를 위해 간절하게 기도하는 중보 기도의 시간을 갖는 것으로 이어진다. 이 시간이 밴드 아가페의 꽃이라 할 수 있다. 이 중보 기도 시간을 통해 서로를 더욱 한가족으로 느끼게 되며, 함께함을 통한 성령의 놀라운 역사를 경험할 수 있다. 중보의 기도가 끝나면 자유롭게 그날 받은 은혜를 간증으로 나누고 축제의 찬양을 드리는 것으로 마무리한다.

밴드원에게 있어서 이와 같은 아가페 모임은 정말 소중한 시간이다. 지쳤던 심신을 다시금 새롭게 회복할 수 있는 시간임은 물론, 밴드원 모두가 서로 끝까지 책임져 줄 수 있는 한가족임을 체험하는 복된 시간들이기 때문이다.

다음은 예수마을교회에서 밴드 아가페를 진행했던 표이다.

밴드 아가페 기획안 예)

- **장소 :** 사랑의교회 수양관
- **인원 :** 약 150명
- **중점 :** 신입 밴드원들에 대한 교육과 친교의 장을 마련한다. 이와 함께 다른 존과의 관계성을 돈독히 하는 데 중점을 둔다.

- **진행 순서**

  4:00 – 5:00 : 레크리에이션 : 황용묵 집사
  5:00 – 6:00 : 밴드 공동체란 무엇인가?(밴드 기본에 대한 중점 교육)
  　　　　　　　: 장학일 목사
  6:00 – 8:00 : 밴드 나눔(식사 포함) : 각 밴드 리더
  8:00 – 8:30 : 찬양과 기도 : 정광춘 전도사
  8:30 – 9:00 : 성찬 : 장학일 목사
  9:00 – 10:00 : 애찬 : 찬양 팀
  10:00 – 11:00 : 간증 및 나눔(신입 밴드원들의 소개) : 정광춘 전도사
  11:00 – 11:30 : 찬양 및 밴드 아가페 마무리

> ## 참고 사항
>
> ◉ 각 프로그램의 지향점
> - 레크리에이션 - 한가족 된 공동체
> - 강의 - 밴드의 기본 정신 교육(성화, 사역, 하나 됨)
> - 밴드 나눔 - 바람직한 밴드 모임의 모델 제시(기본으로 돌아가는 자세)
> - 성찬·애찬 - 주 안에서 하나 된 가족 공동체(특별히 타 존과의 관계성 강조)
> - 간증 나눔 - 밴드 사역은 주님이 친히 이끄시는 사역임을 일깨움

실전 적용 Band Case 5

우린 주 안에 한가족!

처음으로 타 교회 밴드원들과 함께하는 아가페라서 기대가 되는 동시에, 서먹서먹하지 않을까 하는 우려를 가지고 모임 장소에 들어섰습니다. 우리 조에 편성된 타 교회 밴드원들과 어색한 인사를 나누자 곧바로 레크리에이션이 시작되었습니다.

열심히 레크리에이션을 따라 하다 보니 어느새 너와 나의 벽은 사라지고 우리가 되어 뻘뻘 땀을 흘리고 있었습니다. 그렇게 한 번 서로에 대해 마음이 열리고 나니 조금 전에는 그렇게 멀리 보이던 사람이, 마치 오랜 시간을 같이 보낸 친구처럼 느껴졌습니다. 일단 그렇게 친근한 마음이 생기자 생전 처음 보는 사람과 밴드 모임을 갖는데도 허심탄회하게 나의 모든 삶을 나눌 수 있었습니다.

그런데 이때부터 주책없이 눈물이 흐르기 시작했습니다. 장로나 디렉터라는 직함에 상관없이 하나님 앞에 연약한 양이 되어 끊임없이 회개의 눈물이 나는 것이었습니다. 그리고 누구든 다

참고 사항

품을 수 있을 것 같은 사랑이 마음 깊은 곳에서부터 샘솟듯 흘러 나오는 것을 느꼈습니다.

　사랑을 품고 나누는 성찬의 감회는 남달랐습니다. 성찬의 떡을 들고, 잔을 마시며 예수님의 사랑과 희생을 생각했습니다. 마침내 사랑을 서로 나누는 애찬 시간에는 마치 이곳이 천국이 아닌가 하는 생각마저 들었습니다. 말로 다할 수 없는 사랑이 넘치고 있었습니다. 흐르는 눈물을 도저히 주체할 수 없었고, 내가 사랑받고 있다는 사실이, 또한 누군가를 사랑할 수 있다는 것이 이토록 행복한 일인지 미처 몰랐습니다. '**아! 오늘은 왜 이리 눈물이 많은 거야!**'

　서로 가슴을 맞댄 채 기도하며 사랑을 나누다 보니 멀어졌던 관계가 회복되고 있었습니다. 부지불식간에 존(Zone) 식구들끼리만, 우리 밴드원들끼리만 가까우면 된다고 생각했던 분열된 마음이 온전히 하나가 되는 것을 느낄 수 있었습니다. 그뿐 아닙니다. 오늘 처음 본 다른 교회 사람들도 주님의 사랑 안에서 다시 보니 평생을 같이한 식구보다도 더 가깝게 느껴졌습니다. '**아! 이것이 하늘나라 공동체의 모습이구나!**' 하는 것을 몸으로 느끼는 순간이었습니다. 성경 공부 시간에 수없이 들어 왔고, 말해 왔지만, 이처럼 확실하게 깨달아진 적은 없었습니다. 시간은 그렇게 물 흐르듯 빨리 가버렸습니다. 아직도 같이 기도하고픈 사람이 너무나 많은데 말입니다.

　축제의 시간을 통해 찬양을 드리는데 거룩한 무질서가 얼마나 아름다운지 말로 다할 수 없었습니다. 다윗의 모습이 이랬겠구나 하는 상상이 들 정도였습니다. 누가 먼저라고 할 것도 없이 손을 들고, 발을 구르고, 엉덩이를 흔들며 천국의 기쁨을 나눴습니다. 그러고는 아주 자연스럽게 간증의 시간이 되었습니다. 자유롭게 서로 받은 은혜를 나누다 보니 다른 지체의 기쁨이 나의 기쁨이 되고, 그의 슬픔이 내 슬픔이 되는 진짜 한 몸 된 공동체가 되는

참고 사항

순간이었습니다.

　모임을 끝내고 걸어 나오면서 생각했습니다. **'그래! 우리는 모두 주님 안에서 한가족이야. 오늘처럼 서로 사랑하며 살았으면 좋겠다. 평생을 그렇게…….'**
　이 시간 감히 고백할 수 있는 것은 밴드 아가페를 통해 깨어졌던 나의 마음이 치유되고, 상한 마음이 회복되었다는 사실입니다. 그리고 너무나 확실하게 우리가 주 안에 한가족임을 깨닫게 되었습니다. 이 기쁨과 감격을 천국 공동체가 아니면 또다시 느끼기 힘들겠죠? 그래서 생각했습니다. 이 몸에서 절대 떨어지지 말자고…….

(에베소 밴드 심억조 장로)

6과

네 십자가를 지고 나를 따르라!

> 참고 사항

6과

네 십자가를 지고 나를 따르라!

> "무릇 내게 오는 자가 자기 부모와 처자와 형제와 자매와 더욱이 자기 목숨까지 미워하지 아니하면 능히 내 제자가 되지 못하고 누구든지 자기 십자가를 지고 나를 따르지 않는 자도 능히 내 제자가 되지 못하리라"(눅 14:26-27).

우리가 예수 그리스도의 말씀에 전적으로 순종하여 운명을 같이하는 가족이 되었다면, 이제 우리는 그분을 따르는 자가 되어야 합니다. 그분을 따른다고 하는 것은 결코 낭만적인 일이 아닙니다. 나의 기득권과 세상의 가치관을 모두 내려놓는 뼈아픈 결단이 요구됩니다. 그래서 주님은 자신과 한 운명 공동체(가족)가 되고자 하는 이들에게 이렇게 말씀하셨습니다.

> "무릇 내게 오는 자가 자기 부모와 처자와 형제와 자매와 더욱이 자기 목숨까지 미워하지 아니하면 능히 내 제자가 되지 못하고"(눅 14:26).

나와 한가족이 되어 동행하기 원하는 자는 인간적인 모든 관계뿐 아니라 자신의 목숨까지도 포기할 수 있어야 한다는 말씀입니다. 만약 그와 같은 포기가 선행되지 않는다면 능히 나의 제자가 되지 못한다고 못 박으십니다. '십자가를 지는 삶', 그것이 예수님께서 원하시는 삶의 수준입니다.

> "누구든지 자기 십자가를 지고 나를 따르지 않는 자도 능히 내 제자가 되지 못하리라"(눅 14:27).

하나님 나라 건설자

예수님과 한 운명 공동체가 된다는 것은 예수님 이외의 다른 것은 우리 삶에 충성과 헌신을 요구할 수 없음을 의미합니다. 비교와 타협은 있을 수 없습니다. 조건적 복종도 물론입니다. 예수님은 절대적인 순종만을 원하십니다.

그러나 언제나 사람들은 주님의 복음 앞에 **'합리적인 노선'**을 택함으로써 그리스도의 부름을 제한하려고 합니다. 그러고는 그의 엄격한 요구를 완화시켜 버립니다. 많은 사람들이 그 유혹 앞에 무릎을 꿇어 버립니다. 그 대표적인 예가 **'부자 청년'**입니다.

한 부자 청년이 예수님을 따르기 위해 찾아와서는 묻습니다.

"선생님이여 내가 무슨 선한 일을 하여야 영생을 얻으리이까"(마 19:16).

이 청년은 자신의 선한 행위로 영생을 얻는 줄 생각하고 있었습니다. 이 물음 앞에 선한 분은 오직 하나님 한 분밖에 없으니 그런 교만한 소리 하지 말라고 하시며, 영생을 얻는 자가 되기 위해서는 계명을 지키는 삶을 살라고 말씀하십니다(마 19:17). 예수님의 요구 앞에 이 청년은 떳떳하게 대답합니다.

"그 청년이 이르되 이 모든 것을 내가 지키었사온대 아직도 무엇

참고 사항

이 부족하니이까"(마 19:20).

너무나 당당한 모습입니다. 그러나 이 청년의 대답이 사실이었습니까? 아니었습니다. 그의 대답은 결코 진실이 아니었습니다. 그 증거를 어디서 볼 수 있습니까? 예수님의 부르심 앞에 선 청년의 태도에서 볼 수 있습니다.

"예수께서 이르시되 네가 온전하고자 할진대 가서 네 소유를 팔아 가난한 자들에게 주라 그리하면 하늘에서 보화가 네게 있으리라 그리고 와서 **나를 따르라** 하시니"(마 19:21).

이 말씀을 들은 청년은 어떻게 합니까?

"그 청년이 재물이 많으므로 이 말씀을 듣고 근심하며 가니라"(마 19:22).

근심하며 떠나갑니다. 이 모습을 통해 청년의 대답이 거짓이었음이 밝혀집니다. 그는 결코 계명을 지키는 삶을 살지 않았습니다. 하나님의 계명 중 가장 첫째 되는 계명이 무엇입니까?

"너는 나 외에는 다른 신들을 네게 두지 말라"(출 20:3).

청년에게는 하나님보다도 재물이 더 귀했습니다. 그에게 있어 제물은 우상이었던 것입니다. 이로써 그는 하나님을 향한 계명을 어겼습니다. 또한 그는 사람을 향한 계명도 어겼습니다. 주님께서 청년에게 계명을 지키는 삶을 살았느냐며 **"네 이웃을 네 자신과 같이 사랑하라"** (마 19:19)는 계명을 지켰느냐고 물으셨습니다.

그리고 예수님께서 청년을 향해 나를 좇으라고 하실 때 무엇을 요구하셨습니까? **"네 소유를 팔아 가난한 자들에게 주라"**고 하셨습니다. 헐벗고 굶주린 네 이웃을 품어 주라는 것입니다. 이 요구 앞에 청년은

82

제물이 많으므로 근심하며 떠나가 버렸습니다. 분명히 주님께서는 네 제물을 나눠 주면 **"하늘에서 보화가 네게 있으리라"**고 말씀해 주셨지만 청년의 눈에는 당장 자신의 소유만 보였습니다. 그래서 부자 청년은 자신의 모든 것을 포기하고 하늘나라 공동체에 들어갈 수 없었습니다.

우리의 삶 또한 마찬가지입니다. 주님의 말씀 앞에 모든 것을 내려놓겠다는 결단 없이는 결코 하늘나라 공동체에 참여할 수 없습니다. 물론 이것은 믿음이 연약한 자들을 배척한다는 의미가 아닙니다. 그들을 성숙한 그리스도인으로 키워 내지 않는 교회 공동체가 잘못됐다는 것입니다. 세상과 똑같은 가치관으로 하늘나라 가족이 된다는 생각을 버리십오. 내 것은 완전히 버려야 합니다. 그리고 주님 한 분만으로 만족할 수 있어야 합니다. 그런 자가 이 땅에 하늘나라를 건설하기에 합당한 자입니다.

예수님을 따라가는 길, 그것은 철저히 자신을 포기하는 길입니다. 왜냐하면 예수님께서 그렇게 사셨기 때문입니다. **예수님에게 있어 끝까지 포기하기 힘들었던 것은 역설적이게도 자신의 목숨이었습니다.** 그분은 죽기 싫었습니다. 두려웠고, 무서웠습니다. 그래서 이 잔을 옮길 수 있으면 옮겨 달라고 기도하셨습니다. 그것은 너무나 간절한 외침이었습니다.

"예수께서 힘쓰고 애써 더욱 간절히 기도하시니 땀이 땅에 떨어지는 핏방울같이 되더라"(눅 22:44).

예수님께서 땀방울이 핏방울이 될 만큼 힘쓰고 애써서 간절히 기도하신 내용이 무엇입니까? **"이 잔을 내게서 옮겨 달라"**는 것입니다. 살려 달라는 외침입니다. 그러나 예수님의 기도의 마지막이 무엇입니까? 내 뜻은 살고 싶지만 **하나님의 뜻이 십자가를 지는 것이라면 나의 원대로 마시옵고 아버지의 뜻대로 하겠다는 것**입니다. 그러고는 묵묵

참고 사항

히 하나님의 뜻을 따라 십자가의 길을 가셨습니다.

예수님과 한 운명 공동체가 되어 그 길을 따른다는 것은 내 뜻과 계획 모두를 내려놓고 **십자가의 길**을 걷는 것이요, **순교자의 삶**을 사는 것입니다. 십자가의 길을 간다는 것이 직접 십자가에 못 박혀 죽는 것만을 의미하지는 않습니다. 내 모든 뜻과 생각을 십자가에 못 박아 없애는 것을 의미합니다. 순교자의 삶을 산다는 것도 마찬가지입니다. 내 삶의 순간순간마다 예수님과 한 운명이 되어 예수님처럼 살아가는 것, 그것이 순교자의 삶입니다.

우리가 아무리 그리스도인이라는 이름을 가졌다 해도 그리스도를 따를 수 없고 그와 한가족이 되는 삶이 아니라면 우리는 이미 그리스도인이 아닙니다. 예수님이 요구하시는 삶의 결단이 뼈아픈 고통으로 다가오고, 끝없는 눈물을 흘리게 할지라도 우리는 결연히 일어나 주님을 따라야 합니다. 그때 우리는 볼 것입니다. 우리의 헌신을 통하여 하나님께서 큰 영광을 받고 계신 현장을 말입니다.

"십자가의 도가 멸망하는 자들에게는 미련한 것이요 구원을 받는 우리에게는 하나님의 능력이라"(고전 1:18).

예수님을 따르기 위해 우리는 결단해야 합니다. 이제 자신이 추구하던 세상의 모든 것을 내려놓고 마음 가득 주님을 향한 사랑으로 채우

십시오. 여러분이 하는 말 한마디 한마디에 주님의 진리의 말씀을 담으십시오. 그리고 자신의 눈에 주님의 눈물을 채우십시오. 입술에는 찬양이 흘러나게 하시고, 두 손으로는 주님처럼 섬기는 삶을 사십시오. 그래서 여러분의 삶 구석구석에 주님과 같은 십자가의 흔적이 남게 하십시오.

그와 같은 삶을 사는 여러분은 결코 혼자가 아닙니다. 그 모든 현장 속에서 하나님의 사랑이 영원히 함께할 것입니다. 조롱하는 소리가 들려오고, 세상의 유혹이 다가올 때도 주님 앞에 순결한 신부로 서길 원합니다. 그리고 자신의 생명까지도 포기하라 하시면 기꺼이 포기하십시오. 그렇게 십자가의 길을 걸어가는 당신에게 하나님은 영원히 함께하실 것입니다.

밴드 교회 Check Point 6

헌신된 평신도 지도자를 세우라!

밴드 교회를 건강하게 세워 가려면 예수님을 위해 모든 것을 포기할 각오가 되어 있는 평신도들을 지도자로 세워 함께 동역해야 한다. 예수님께서도 평범한 자들을 제자로 부르셔서 위대한 하나님의 사도가 되게 하셨다. 마찬가지로 목회자가 보기에는 한없이 부족해 보인다 할지라도 가능성 있는 사람을 계속해서 훈련하고 세워 줘야 한다. 밴드 교회는 절대 한 사람의 지도자로 운영될 수 없음을 기억하라.

목회자는 **평신도 지도자[예수마을교회에서는 존 디렉터(Zone Director)라 부른다]**를 세울 때 먼저 철저한 훈련을 통해 성숙한

참고 사항

그리스도인을 만들어야 한다. 그리고 그의 달란트에 맞게 지도력을 발휘할 수 있도록 배려해 주는 것도 목회자의 할 일이다. 평신도 지도자가 소신을 갖고 모든 사역을 감당할 수 있도록 적극적으로 목회자가 도와준다면, 그들이 활동을 펼쳐 감에 따라 교회 안에 생명력이 넘치는 것을 발견하게 될 것이다. 예수마을교회에서 평신도 지도자를 세워 가는 과정은 다음과 같다.

> 목원 → 준목자 → 목자 → 준 디렉터 → 존 디렉터

평신도 지도자를 밴드 교회에서는 존 디렉터라고 부르는데, 이들이 담당하는 역할은 크게 4가지이다.

1. 평신도 지도자로서 담임목회자와 협의하여 자기 존의 일을 전담하여 치리한다.
2. 사람들을 훈련시켜 사역자가 되게 한다.
3. 밴드 모임의 리더가 된다.
4. 급박한 경우 목장의 목자 역할을 감당한다.

그러나 무작정 평신도 지도자에게 권한만 부여해서는 안 된다. 그렇게 되면 어느 순간 교만해질 위험이 있다. 쌓아 올리는 데는 오랜 공이 들지만 무너지는 것은 순식간이다. 그러므로 평신도 지도자를 세울 때는 반드시 그 자질을 점검해야 한다. 밴드 교회에서 평신도 지도자를 선정할 때 가장 필요한 자질로 4가지를 꼽는다. **첫째는 겸손함**이고, **둘째는 진리에 절대적 순종**이며, **셋째는 가르칠 수 있는 지도력**이고, **넷째는 사역의 결과로 사랑과 열매가 나타난 자**이다.

이 모든 자질이 준비되어 있는 사람을 뽑았다고 해도 사람이 넘어지는 것은 순식간이다. 그래서 필요한 것이 **밴드 모임을 통한 성화 훈련**이다. 이것이 기반이 되지 않고는 밴드 교회는 사상누각(沙上樓閣)이 될 수밖에 없다. 교역자를 비롯한 평신도 지도자들이 끊임없이 하나님의 말씀 앞에 자신을 쳐서 순종하는 자세를 견지할 때, 밴드 교회는 건강하게 서갈 수 있다.

그래서 평신도 지도자들은 밴드 모임과 함께 일주일에 한 번씩 담임목회자와 만남의 시간을 가져야 한다. 그 시간들을 통해 성화를 위한 지속적인 훈련을 시키는 것, 그것이 목회자가 감당해야 할 몫이다. 사람을 키워 놓기만 하고 방관하면 절대 안 된다. 그것은 목회자의 직무 유기임을 명심하라!

주위를 잘 살펴보면 목회자들보다도 더 겸손하고, 순종적이며, 지도력이 뛰어난 사람이 있다. 그들은 절대 경쟁자가 아니다. 하나님께서 한가족이 되어 하나님의 교회를 풍성히 세워 가라고 보내 주신 귀한 동역자들이다. 하나님의 동역자들과 함께 세상을 놀라게 할 만한 교회를 세워 가길 원한다.

실전 적용 Band Case 6

평신도를 흥분시켜라!

밴드 목회를 해오는 동안 여러 가지 깨달은 바가 있지만 그중 단연 으뜸은 평신도의 중요성이었습니다. 밴드 목회를 하기 전 저는 목회자 중심의 목회를 꾸려 오고 있었습니다. 그러나 밴드 목회를 통해 평신도가 흥분하는 것을 보았고, 그들이 일어서서

참고 사항

죽었던 다른 영혼을 살리는 것을 보았습니다. 자신의 생명만큼 어린 영혼들을 사랑하고 돌보는 모습에서 한국 교회의 가능성을 확인할 수 있었습니다.

우리 사회에서 **'흥분'**이라는 말이 그리 좋은 어감을 가지고 있지 않지만, 성서를 자세히 보면 매우 중요한 상황에서 이 말이 쓰인 것을 볼 수 있습니다. 특별히 학개와 스가랴가 무너진 성전 재건을 촉구하며 하나님의 말씀을 백성들에게 전했을 때, 하나님께서 유다 총독과 모든 백성의 마음을 **'흥분'** 시켜 불가능하게만 보였던 성전 재건을 성공시킵니다.

"여호와께서 스알디엘의 아들 유다 총독 스룹바벨의 마음과 여호사닥의 아들 대제사장 여호수아의 마음과 남은 모든 백성의 마음을 **감동**(한글개역:**흥분**)시키시매 그들이 와서 만군의 여호와 그들의 하나님의 전 공사를 하였으니"(학 1:14).

18년 동안이나 이 핑계 저 핑계를 대던 자들이 **'흥분'**하니 한 순간에 변화되고 하나님의 역사가 일어났습니다. 하나님의 일은 흥분하지 않고서는 이룰 수가 없습니다. 특별히 교회의 평신도들이 흥분하지 않으면 더더욱 어렵습니다. 하나님의 역사가 일어나는 통로이며, 하나님 나라의 모형인 교회는 흥분된 사람들로 넘쳐나야 합니다. 그래야 그들을 통해 하나님께서 일을 행하시기 때문입니다.

밴드 목회를 통해 저는 수많은 평신도들이 흥분하는 것을 보았습니다. 흥분된 몸은 그리스도의 사랑이 철철 넘쳐흘렀고, 주변은 그리스도의 향기로 가득 찼습니다. 이들로 인해 교회도 덩달아 흥분되기 시작했습니다. 수많은 사람들이 이 흥분을 맛보기 위해 교회로 몰려들었습니다. 몰려든 사람들마다 먼저 흥분된 평신도 지도자들로 인해 덩달아 흥분되었고, 모두가 교회의 일꾼으

참고 사항

로 자라났습니다. 이제는 그들이 다시 새 영혼을 흥분시키고 있습니다.

   그러면 이들이 도대체 무엇으로 흥분되는 것일까요? 분명히 말하지만 이들의 흥분은 **'거룩한 흥분'**입니다. 즉 성령 충만의 다른 표현이라는 말입니다. 성령 충만은 말씀에 바탕해야 합니다. 하나님이 말씀을 통해 우리에게 주신 소명을 가감 없이 받아들이는 것을 우리는 **'밴드 정신'**이라 부릅니다. 많은 이들이 하나님의 말씀에 절대적으로 순종하는 삶을 통해 하나님의 성령 충만, 즉 흥분을 맛보았습니다. 그 흥분을 통해 교회를 변화시켰습니다. 특별히 평신도 지도자들의 흥분은 가히 놀라운 것이었습니다. 그 비밀이 바로 밴드 정신(말씀에 순종)에 있었던 것입니다.

   밴드 교회는 하늘에서 뚝 떨어진 것이 아닙니다. 성서에 바탕하고 교회의 역사에 바탕하고 있는 교회의 원초적인 모습입니다. 그것은 프로그램이 아니라 정신입니다. 하나님이 말씀을 통해 우리에게 계시하신 정신이며, 우리는 그 정신을 통해 흥분하는 것입니다. 밴드 교회의 핵심은 밴드 정신을 통해 흥분하는 것이며, 특별히 평신도 지도자들이 흥분되어 자신에게 맡겨진 다른 영혼을 예수 정신으로 역동케 하는 것입니다. 이제껏 여러 가지 어려움 속에서도 밴드 목회가 생명력을 잃지 않은 이유는 흥분된 평신도 지도자들이 많았기 때문입니다. 그들이 있는 한 교회는 끊임없이 흥분과 환희 속에서 성장할 것입니다.

《평신도를 흥분시켜라》 中

7과 성숙한 동행

참고 사항

7과
성숙한 동행

> "우리가 선을 행하되 낙심하지 말지니 포기하지 아니하면 때가 이르매 거두리라"(갈 6:9).

예수님과 한가족이 되어 그를 따르기로 결단했다면 이제 하늘나라 공동체를 이룬 자들과 **성숙한 동행**을 해야 합니다. 믿음의 지체들과 함께하는 삶을 통해 우리는 더욱 풍성해질 것입니다. 밴드 교회의 목표가 바로 성숙한 나눔을 통해 개인의 삶과 교회의 의미를 새롭게 하고, 그 내적인 힘을 바탕으로 세상까지 변화시켜 가는 것입니다.

그럼 **갈라디아서 6장 1-10절**까지의 말씀을 통해 우리가 어떤 자세로 한가족 된 지체들과 동행해야 하는지 알아보도록 하겠습니다.

1. 성숙한 교제

성숙한 동행을 하기 위해서는 먼저 **성숙한 교제**가 있어야 합니다. 서로가 깊이 있는 교제를 나눌 때 그 무엇보다 관심을 두어야 할 부분은 하늘나라 건설자로서 이 세상을 살아가며 죄의 유혹을 받은 것은 없었는가 하는 점입니다.

> "형제들아 사람이 만일 무슨 범죄한 일이 드러나거든 신령한 너희는 온유한 심령으로 그러한 자를 바로잡고 너 자신을 살펴보아 너도 시험을 받을까 두려워하라"(1절).

하나님 나라 건설자

한가족 된 우리의 지체가 죄의 유혹에 빠졌다면, 모두 함께 마음을 쏟아 그 지체의 잘못을 바로잡아 주어야 합니다. 이것은 마치 건물 한 가운데에 구멍이 뚫린 것과 같습니다. 작은 구멍일 때 얼른 그 구멍을 메우면 건물 전체에 큰 피해가 없지만, 아무리 작은 구멍이라도 그냥 방치해 두면 점점 더 그 피해가 커집니다. 비가 올 때마다 내부로 물이 새게 되고 점차 시간이 흐를수록 주변에 금이 가고 부식될 것입니다.

이와 같이 공동체 속의 한 지체가 죄의 유혹을 받아 넘어지게 되었을 때, 주변에서 온전히 세워 주지 않는다면 점차 그 공동체 전체가 흔들리는 위험을 당하게 될 것입니다. 그러므로 우리는 온 정성을 다해 나의 가족 된 이들을 바로 세워 주는 자세가 필요합니다.

그러나 이때 반드시 명심해야 할 것이 있습니다. 절대로 정죄하는 마음이 아닌 '**온유한 마음**'으로 그를 세워 줘야 한다는 사실입니다. 많은 순간 우리는 죄를 지적하는 데 열중인 우리 자신을 발견하게 됩니다. 그러나 하나님의 공동체는 죄를 지적하는 데 목적이 있는 것이 아니라, 상한 심령으로 그를 품어 안는 데 있습니다. 우리가 원하는 것은 개혁이 아니라 회복이기 때문입니다.

예수님께서도 부활 후 갈릴리 호숫가에 가셔서 베드로를 만나셨을 때 한마디도 정죄하지 않으셨습니다. 단지 그를 온유한 심령으로 품어 주시고, 사랑으로 바로잡아 주셨습니다. 그때 베드로는 사명을 회복하

참고 사항

게 되었고, 위대한 하늘나라 건설자가 되었습니다. 이러한 자세가 우리에게 필요합니다. 이런 성숙한 자세를 갖게 되면 지체의 허물을 보고 그를 경멸히 여기지 않고 자신을 돌아보게 됩니다. 그리하여 그런 시험 가운데 나 스스로 넘어지지 않도록 겸비하는 마음을 갖게 됩니다. 이것이 성숙한 교제를 나누는 모습입니다.

"너희가 짐을 서로 지라 그리하여 **그리스도의 법**을 성취하라"(2절).

우리가 서로의 짐을 나눠 짐으로 **그리스도의 법**을 성취하라고 바울은 말합니다. 그렇다면 그리스도의 법이 무엇입니까? '**서로 사랑**'입니다.

"**새 계명**을 너희에게 주노니 서로 사랑하라 내가 너희를 사랑한 것같이 너희도 서로 사랑하라"(요 13:34).

예수님께서는 구약의 계명인 '**하나님 사랑**'과 '**이웃 사랑**'을 넘어 '**서로 사랑**'의 계명을 주셨습니다. 그 사랑의 깊이는 내가 너희를 사랑한 것 같은 사랑, 즉 십자가의 사랑입니다. 그러므로 우리가 한가족 된 지체의 짐을 서로 질 때, 십자가의 사랑을 품고 서로 사랑함으로 그리스도의 계명을 이뤄야 합니다. 이것이 진정으로 성숙한 자의 교제입니다.

2. 성숙한 자기 관리

성숙한 교제를 나누기 위해서는 근원적으로 자기 성찰을 통한 **자기 관리**가 선행되어야 합니다.

"만일 누가 아무것도 되지 못하고 된 줄로 생각하면 스스로 속임이라"(3절).

"아무것도 아니면서 대단한 사람이나 되는 것처럼 생각한다면 그것은 자기를 속이는 것입니다"(3절; 현대인의 성경).

그 누구도 하나님 앞에 완전한 사람은 없습니다. 만약 스스로 하나님 앞에 대단한 사람이나 된 것처럼 생각한다면, 그는 스스로를 속이는 자입니다. 우리는 언제나 하나님 앞에 연약한 죄인일 뿐이며, 그분의 은혜가 아니면 한순간도 살 수 없는 자입니다. 그러므로 우리는 항상 자신의 삶을 점검하여 하나님 앞에 바로 서는 훈련을 해야 합니다.

"각각 자기의 일을 살피라 그리하면 자랑할 것이 자기에게는 있어도 남에게는 있지 아니하리니"(4절).

성숙한 자가 되어 스스로를 살펴보게 되면 하나님 앞에 교만할 것이 전혀 없다는 것을 깨닫게 됩니다. 그래서 하나님 앞에, 또 사람 앞에 겸손하게 됩니다. 죄의 본성에 노출되어 있는 자신을 돌아보고 하나님 앞에 자신의 삶을 조정하는 것이 성숙한 자의 모습입니다.

"각각 자기의 짐을 질 것이라"(5절).

참고 사항

보다 성숙한 그리스도인이 되기 위하여 우리는 스스로 자신의 짐을 지는 자가 되어야 합니다. 이것은 결코 한가족 됨을 벗어나 자신만의 삶을 살아가라는 의미가 아닙니다. **더불어 사는 것이 의미가 있기 위해서는 먼저 자립이 이뤄져야 합니다.** 무작정 자신의 짐을 떠맡기는 삶을 사는 것은 기생일 수밖에 없습니다. '기생'은 '공생'의 가장 큰 장애물입니다. 각각 자기의 십자가를 지고 걸어가는 것이지, 내 십자가를 대신 져 달라고 떠맡기는 것은 성숙한 그리스도인의 자세가 아닙니다.

그렇다면 어떻게 짐을 서로 지라는 말씀(갈 6:2)을 이룹니까? 나의 지체가 주님의 길을 걸어가다 절망과 패배감 속에 넘어지려 할 때, 아주 엎드러지지 않도록 그를 세워 주고 격려해 주는 것입니다. 포기하지 않고 이 길을 끝까지 함께 갈 수 있도록 사랑으로 품어 주는 것입니다. 그리하여 그가 회복되도록 기다려 주고 치유해 줌으로써 짐을 서로 지라는 말씀을 이루는 것입니다.

사명은 각각입니다. 자기의 십자가는 자기가 지는 것입니다. 결코 다른 사람에게 맡기는 것이 아닙니다. 그래서 주님께서는 **"나를 따라오려거든 자기를 부인하고 자기 십자가를 지고 나를 따를 것이니라"(마 16:24)**고 말씀하셨습니다. 주님은 자기의 짐을 감당하지 않는 자를 미워하십니다.

"이 무익한 종을 바깥 어두운 데로 내쫓으라 거기서 슬피 울며 이를 갈리라 하니라"(마 25:30).

자신의 짐을 외면하고 지지 않았던 종을 향해 '너는 결코 하나님의 공동체에 합당한 자가 아니니 이 공동체의 자리에서 나가라'고 주님께서 명하셨습니다. 따라서 우리는 모든 행위와 의식, 그리고 영적인 것에서 자립할 수 있어야 합니다. 성숙한 성도는 그런 자립 속에서 주님의 뜻을 이뤄 가는 자입니다.

진정으로 성숙한 자는 더불어 살면서 홀로 있고, 홀로 있으면서도 더불어 사는 자입니다. 하나님을 함께 예배하면서도 홀로 있을 때 하나님을 바라볼 줄 알고, 홀로 하나님을 경외하는 삶을 살아가나 동시에 공동체 속에서 하나님을 예배하는 자세, 그것이 성숙한 그리스도인의 모습입니다.

3. 성숙한 연합

우리가 **성숙한 자립과 교제**를 통해 하나님 나라의 공동체를 이루고 있다면 이제 **성숙한 연합**을 이뤄야 합니다.

"가르침을 받는 자는 말씀을 가르치는 자와 모든 좋은 것을 함께 하라"(6절).

가정에도 가장인 아버지가 있고 어머니가 있듯이, 하나님의 가족 공동체에도 영적 아비와 어미가 있습니다. 하나님의 말씀을 가르치는 자가 영적 부모입니다. 자식이 부모와 함께 모든 좋은 것을 함께하는 것이 아름다운 가정이듯, 영적 자식들이 영적 부모와 모든 좋은 것을 함께하는 것이 아름다운 모습입니다. 이것이 성숙한 연합으로 가는 바른 길입니다.

우리는 그러한 예를 성경에서 수도 없이 볼 수 있습니다. '**모세와 여호수아**', '**엘리야와 엘리사**', '**사무엘과 다윗**' 등이 그 좋은 예입니다. 이들은 모두 가르침을 받는 자가 말씀을 가르치는 자와 모든 좋은 것을 함께 나눔으로 더 풍성한 열매를 거둔 이들입니다.

특별히 영적인 은사는 더욱 주의를 기울여야 합니다. 하나님의 공동체가 바로 서게 되면 하나님의 강력한 능력이 임하게 되어 많은 사람들이 예언의 은사 혹은 신유의 은사 등 귀한 하나님의 영적 선물을 받게 됩니다. 이때 영적 어미와 아비의 지도(멘토링) 아래 그 모든 은사들

> **참고 사항**

이 서로 협력하여 잘 사용되면 하나님의 교회를 더욱 풍성히 세워 가는 도구가 될 수 있습니다. 그런데 영적 부모(멘토)를 무시하고 자신이 더 대단한 능력을 가진 것으로 착각하여 그 은사를 함께 나누지 않고 독점하여 영적 공동체를 분열하게 만든다면, 하나님의 책망을 받는 자가 될 것입니다.

바울의 사역을 위해 자신들의 목숨과 인생을 송두리째 내놓은 브리스가와 아굴라 부부 같은 아름다운 관계야말로 성숙한 연합의 이상적인 모델입니다.

> 참고 성경 구절

※ **참고 성경 구절** – "너희는 그리스도 예수 안에서 나의 동역자들인 브리스가와 아굴라에게 문안하라 그들은 내 목숨을 위하여 자기들의 목까지도 내놓았나니 나뿐 아니라 이방인의 모든 교회도 그들에게 감사하느니라"(롬 16:3-4).

그러나 오늘날 많은 그리스도인들이 연합을 이루지 못함으로 더 성숙한 하나님의 사람이 될 수 있고, 더 아름다운 하늘나라 공동체를 만들어 갈 수 있음에도 불구하고 실패하는 경우가 많습니다. 그래서 바울은 경고합니다.

"스스로 속이지 말라 하나님은 업신여김을 받지 아니하시나니 사람이 무엇으로 심든지 그대로 거두리라"(7절).

우리는 스스로를 속여서는 안 됩니다. 하나님은 결코 조롱받지 않으시는 분이기에 사람이 심는 대로 거두게 하십니다. 좋은 것을 심으면 좋은 것을 거두고, 나쁜 것을 심으면 나쁜 것을 거두게 됩니다. 모든 좋은 것을 함께함으로 가나안을 정복할 수 있는 힘을 얻었던 **여호수아**, 갑절의 능력을 받았던 **엘리사**, 하나님의 나라를 든든히 세울 수 있었던 **다윗**을 본받아야 합니다. 만약 **가룟 유다**처럼 스스로 속이는 자가 되어 하나님을 만홀히 여기는 자가 된다면 처참한 멸망으로 거두게 하실 것입니다.

분명히 기억하십시오. 하나님께서는 우리가 뿌리고 실천한 대로 거두게 하십니다.

"자기의 육체를 위하여 심는 자는 육체로부터 썩어질 것을 거두고 성령을 위하여 심는 자는 성령으로부터 영생을 거두리라"(8절).

우리가 가진 모든 것은 오직 하나님의 것입니다. 그것을 남용하여 육체를 위하여 심는 자는 하나님 나라에 합당치 않은 썩어질 것들을 거두게 될 것입니다. 그러나 성령의 뜻을 따라 심는 자는 영원한 생명을 얻게 될 것입니다. 영원한 생명, 그것은 성숙한 연합을 통해 모든 좋은 것을 함께할 때 얻게 되는 귀한 축복입니다.

4. 성숙한 실천

성숙한 연합을 이룬 하늘나라 공동체가 되었다면 이제 **성숙한 실천**을 해야 합니다.

"우리가 선을 행하되 낙심하지 말지니 포기하지 아니하면 때가 이르매 거두리라"(9절).

"선한 일을 하다가 낙심하지 맙시다. 포기하지 않는다면 반드시 거둘 때가 올 것입니다"(9절; 현대인의 성경).

하늘나라 건설자로서 선을 행하며 살아갈 때 낙심하지 말아야 합니다. 우리의 삶의 방식을 세상 사람들은 도저히 이해할 수 없을 것입니다. 세상이 말하는 논리를 하나도 따르지 않기 때문입니다. 돈이나 인기, 명예나 권력은 이미 우리의 관심 밖입니다. 오히려 우리는 돈과 명예를 버려서 주위 사람들을 끌어안는 선한 삶을 살아가야 합니다. 세상 사람들은 돈을 쓸 때 자기에게 유익이 될 것 같은 사람, 혹은 자신보다 더 높은 위치에 있는 사람에게 사용합니다. 그러나 그것은 **투자**이지 **선한 일**이 아닙니다. 우리는 우리에게 갚을 길이 없는 연약한 자

> 참고 사항

를 품어야 합니다. 그것이 하나님의 뜻입니다.

"임금이 대답하여 이르시되 내가 진실로 너희에게 이르노니 너희가 여기 내 형제 중에 지극히 작은 자 하나에게 한 것이 곧 내게 한 것이니라 하시고"(마 25:40).

선한 삶을 통해 세상 사람들이 하나님을 바라볼 수 있게 하는 것, 그것이 우리에게 맡겨진 사명입니다.

"이같이 너희 빛이 사람 앞에 비치게 하여 그들로 너희 착한 행실을 보고 하늘에 계신 너희 아버지께 영광을 돌리게 하라"(마 5:16).

성숙한 그리스도인이 되어 하나님의 뜻을 펼치며 살아갈 때 낙심하지 맙시다. 포기하지 맙시다. 끝까지 주님을 신뢰하며 나아간다면 반드시 거둘 때가 올 것입니다. 그 영광의 날, 우린 모두 하나가 되어 주님과 함께 감격의 찬가를 부르게 될 것입니다. 그 영광의 날을 바라보며 주님과 또한 지체들과 **성숙한 동행**을 하는 자가 되길 원합니다.

밴드 교회 Check Point 7

밴드 모임 이렇게 하라!

성숙한 공동체를 꾸준히 유지해 가기 위해서는 성화 훈련의 장인 동시에 성숙한 교제를 나누는 밴드 모임이 중요하다. 밴드원이 밴드 교회의 핵심 멤버들이기 때문에 이들이 밴드 모임을 통해 성숙한 연합을 이루지 못한다면 밴드 교회가 제대로 세워질 수 없다. 그러므로 밴드 교회 리더는 밴드 모임을 통해 성화된 그리스도인이 계속해서 양산될 수 있도록 온 관심을 쏟아야 한다.

※ 밴드 운영 규칙 ※

1. 밴드 모임은 일주일에 한 번 밴드 멤버들이 정한 시간에 갖는다

밴드 멤버들 모두에게 가장 적절한 시간을 정하여 일주일에 한 번 모인다. 교회의 큰 행사 등 아주 부득이한 경우에만 시간을 바꿀 수 있다. 밴드를 위한 시간은 밴드 가입서(10과 밴드 교회 Check point에 있음)에 서약한 대로 먼저 떼어 놓은 뒤, 다른 모든 계획은 그 외의 시간에 잡는 것을 습관화해야 한다. 남는 시간에 한다는 개념이 생기게 해서는 안 되며, 특별히 밴드 리더는 어떤 중요한 일이 있어도 밴드 시간을 철저히 준수하는 모범을 보여야 한다.

2. 밴드 모임 장소

밴드 멤버의 가정집을 순회하는 것을 원칙으로 한다. 멤버들이 어떻게 살고 있는지 형편을 알 수 있고 편안하게 교제할 수 있기 때문이다. 돌아가며 정성스럽게 준비한 식사나 다과를 나누는 것

참고 사항

도 모임의 중요한 부분 중 하나이다. 부득이한 경우가 아니고는 교회에서 모이는 것은 피해야 한다.

3. 밴드 모임에는 반드시 멤버들 전원이 참석해야 한다

공동체에 한 사람이라도 빠지면 분위기가 깨진다. 그리스도의 지체인 밴드 멤버들이 모임에 빠진다는 것은 그리스도의 몸을 정상적으로 만들지 못하는 것이기 때문이다. 아주 부득이한 경우를 제외하고는 밴드 모임에는 무조건 참석하는 것을 원칙으로 한다.

4. 밴드 모임에서 나눈 이야기는 비밀 준수를 철저히 해야 한다

밴드 모임에서 나온 이야기는 반드시 비밀 보장이 되어야 한다. 왜냐하면 밴드 멤버들 간에 신뢰감이 생겨야 마음의 문을 열 수 있기 때문이다. 단 담당 전도사님이나 목사님에게만은 예외이다.

5. 교제의 식사

가정 공동체는 먼저 밥상 공동체가 되어야 한다. 따라서 모일 때 모두가 같이 식사를 나누는 것이 좋다. 중요한 것은 먹는 것이 아니라 사랑의 교제이다.

6. 밴드 모임에서의 QT

밴드 나눔 시간에 갖는 QT는 매우 중요하다. 이를 위해 3개월 동안은 〈성화 훈련 가이드북〉으로 훈련하고, 그 후에는 밴드성서대학에서 나눠 주는 QT 자료들로 경건의 시간을 갖는다.

- **1단계** – 〈성화 훈련 가이드 북〉
  (한 주 동안 한 과씩 예습하고 밴드 모임에서 점검)
- **2단계** – 밴드성서대학이 제공하는 QT 자료
  (매일 말씀을 묵상하여 은혜 받은 것을 나눔)

※ 밴드 모임 진행 방법 ※

밴드 모임은 다음의 순서를 기본으로 하되 밴드 리더의 재량에 따라 인도될 수 있다.

1. 찬양의 시간(15-20분)

멤버들이 서로 돌아가며 자신이 지난 일주일 동안 살면서 즐겨 불렀던 찬양을 함께 부른다. 이때 내가 왜 이 찬양을 한 주 동안 즐겨 불렀는지 짤막한 간증과 함께 찬양을 나눈다. 이 시간을 통해 밴드원들의 마음이 열려지게 된다. 또한 이때 모임 가운데 성령님이 임재하시도록 간구의 기도를 드린다.

2. 점검의 시간(30분 내외)

지난 모임 이후 자신들의 삶이 어떠했는지 자유롭게 나눈다. 생각, 마음, 행동에서 성숙해야 할 부분은 없는지 함께 나누도록 한다. 또한 죄의 유혹을 받은 것이 있다면 어떻게 대처했는지 고백하고, 다른 멤버들이 그것에 대해 질문하면서 그의 영적 상태를 점검해준다.

이와 함께 밴드 가입 서약서에 나온 생활지침들을 잘 지켰는지도 점검한다.

3. 나눔의 시간(40분 내외)

- 지난 주일 설교 말씀 중에서 깨달은 것을 어떻게 삶에 적용하였는지 나눔.
- 전도 경험이나 사역 경험, 기도 경험 등을 나눔.
- 일주일 동안 지내면서 은혜 받았던 것, 좋았던 것, 슬펐던 것을 나눔.

참고 사항

- 일주일 동안 Q·T를 통해 묵상한 것을 나눔.
- 나라와 민족, 교회, 성도, 이웃 등 중보기도 제목을 나누고 10분 정도 기도함.

4. 토의 시간(40분 내외)

나눔의 시간에 중요하다고 생각되는 주제를 뽑아 집중적으로 같이 문제 해결하는 시간을 갖는다. 멤버 모두가 다 같이 참여하여 토의해야 하는데 상황에 따라 격려, 위로, 도전, 권면, 책망 등을 적절하게 해줘야 한다. 특히 이 시간을 통해 우리 모두는 그리스도 안에서 한 가족임을 기억해야 한다. 함께 기도하고, 구체적인 도움을 나누며, 한 주 동안의 삶의 결단도 이때 나눈다.

5. 기도회(10분)

사역에 대한 비전과 밴드 안에 필요한 기도 제목을 놓고 짝지어 기도한다.

《밴드 목회 이론과 실제》中

실천 적용 Band Case 7

이렇게 좋은 것을!

내가 경험해 본 바로는 밴드가 엄격한 조직이긴 하지만 결코 딱딱하거나 재미없는 조직은 아니다. 가정에 엄격함과 딱딱함만 있다면 그 구성원들이 얼마나 힘들까? 자식들은 일정 정도까지는 부모에게 순종하겠지만 정도를 넘으면 가정을 이탈하게 될 것이다. 밴드도 마찬가지다. 절대로 딱딱하지만은 않다. 그 속에는 목장

참고 사항

에서는 경험할 수 없는 깊은 유대와 사랑이 있다. **'목장의 사랑'** 이 **'베푸는 사랑'** 이라면, **'밴드의 사랑'** 은 서로서로 **'나누는 사랑'** 이다. 목장에서는 돌봄이 많았지만, 밴드에서는 서로의 것을 아낌없이 나눠 준다. 서로의 짐을 함께 지는 동역자의 사랑을 나누는 것이다.

처음에 밴드를 시작할 때는 목장을 먼저 해서 그런지 별로 내키지 않던 밴드원들이, 나중에는 밴드원들이 더 좋고, 그곳에서의 모임을 통해 삶의 위안을 얻는다고까지 이야기하게 되었다. **엄격함과 따뜻함의 공존, 그것이 밴드의 가장 두드러진 특징**이다.

밴드의 운영은 기본적으로 밴드 리더에게 전적으로 위임된다. 처음에는 목회자와 사모가 리더를 맡기도 하지만, 밴드원들이 많이 생기면 최초로 교육받은 핵심 멤버 중에서 뽑으면 된다. 핵심 멤버의 인원이 많지 않으면 그냥 임명해도 되지만, 핵심 멤버의 수가 밴드의 수를 넘으면 자율적으로 투표해서 뽑으면 된다. 각 교회의 상황에 맞게 하면 되는 것이다. 모임 자체도 지침을 기준으로 해서 어떤 날은 점검이 더 길어질 수도 있고, 어떤 날은 큐티 나눔이 더 길어지기도 하는 등 다양한 상황이 발생하는데, 그때마다 밴드 리더의 재량에 맡기는 것이 가장 바람직하다고 본다.

밴드는 개인적 성찰과 훈련의 장이기도 하지만 사역의 교두보 역할도 한다. 그래서 모임 중에 많은 시간이 자기 성찰에 할애되지만, 그 내용은 목장에서의 사역과 관련 있는 사안들이 많기 때문에 자연스럽게 그에 대한 정보도 교류하며, 도울 방안도 제시해 주게 된다. 목원들 때문에 고민이 많던 목자들은 이 시간을 통해 해결책을 제시받는 경우도 많이 봤다.

이렇게 밴드가 사역의 영역까지 함께 다루어 주기에 목회자가 나서거나 조언을 해주는 경우는 그리 많지 않다. 자신들끼리 해결할 수 있는 문제는 목사님께 보고는 하되 자신들 스스로 해결하며, 자신들의 힘으로 해결할 수 없는 사안만 목회자에게 도움을 청한다. 이로써 밴드원들은 영적 책임 의식이 강화되고, 한

> 편 목회자는 많은 시간을 기도와 말씀 연구에 쏟을 수 있게 되어 더 풍성한 말씀의 꼴을 먹일 수 있게 된다. 이것이 바로 밴드가 가지는 가장 큰 장점이자 목회적 효과이다.
>
> 《사모 일으키기》中

8과

섬김으로 완성되는 하나님 나라 공동체

> 참고 사항

8과
섬김으로 완성되는 하나님 나라 공동체

> "그들에게 이르시되 누구든지 내 이름으로 이런 어린아이를 영접하면 곧 나를 영접함이요 또 누구든지 나를 영접하면 곧 나를 보내신 이를 영접함이라 너희 모든 사람 중에 가장 작은 그가 큰 자니라"(눅 9:48).

신약성경 안에 나오는 수많은 교훈 대부분이 교회 공동체를 위한 것입니다. '**성도**'라는 용어가 모두 62회 나오는데, 61회가 복수이고 단수는 "모든 성도에게 문안하라"는 문맥에서 단 한 번 등장합니다. 무슨 의미입니까? 예수 그리스도 안에서 한가족 된 지체들이 성숙한 연합을 이루는 것이 무엇보다 중요하다는 뜻입니다.

그렇습니다. 교회는 홀로 존재하는 것이 아닙니다. 유기적인 관계 안에서 함께 존재하는 것입니다. 이 하늘나라 공동체는 서로 섬김으로써 완성됩니다. 높은 자가 낮은 자를, 가진 자가 없는 자를, 강한 자가 약한 자를 섬기는 것입니다. 세상의 공동체와는 전혀 다른 존재 방식입니다. 그러나 그것만이 하늘나라 공동체가 이 땅에 존재할 수 있는 유일한 방식입니다.

1. 나보다 연약한 이를 품는 것

우리가 하나님 앞에 성숙해 갈수록 예수님의 모습을 닮게 됩니다. 예수님을 가장 깊이 닮게 되면 섬김으로써 사랑하게 되는 경지에까지 이르게 됩니다. 그 이유는 예수님 자체가 이 낮은 땅 위에 섬기기 위해 내려오셔서, 인간이 거하기에도 가장 초라한 자리에 누이셨고, 모든 사람들로부터 외면받는 자리에서 돌아가신 분이기 때문입니다. 그러니 그분과 동행할수록 더 깊은 섬김의 도에 이르게 되지 않겠습니까?

그렇다면 섬김의 구체적인 의미가 무엇일까요? 예수님처럼 **나보다 낮은 자를 품기 위해 상대방의 수준까지 내려가는 것**입니다. 예수님께서는 인간을 섬기기 위해 기꺼이 인간이 되시어 인간의 수준으로 내려오셨습니다. 주님께서 내가 너희를 섬겨 줄 테니 나 있는 곳까지 올라오라 하셨다면, 그 누가 주님 있는 곳까지 이를 수 있어 그 섬김을 받을 수 있었겠습니까? 주님께서 친히 내려와 주셨기 때문에 우리가 예수님의 섬김을 통하여 존귀한 자가 된 것이 아닙니까? 그런데도 예수님의 제자들은 이 진리를 깨닫지 못했습니다. 그래서 그들은 예수님의 삶과는 정반대로 높은 자리에서 섬김을 받기 위해 애썼습니다.

> "제자 중에서 누가 크냐 하는 변론이 일어나니 예수께서 그 마음에 변론하는 것을 아시고 어린아이 하나를 데려다가 자기 곁에 세우시고 그들에게 이르시되 누구든지 내 이름으로 이런 어린아이를 영접하면 곧 나를 영접함이요 또 누구든지 나를 영접하면 곧 나를 보내신 이를 영접함이라 **너희 모든 사람 중에 가장 작은 그가 큰 자니라**"(눅 9:46-48).

이 말씀이 무슨 뜻입니까? 예수 그리스도 안에서 어린아이와 같이 연약한 지체를 섬기는 자가 진정으로 큰 자라는 것입니다. 왜입니까? 그 사람은 주님의 도를 따르므로 주님께서 높여 주시기 때문입니다. 이러한 예수님의 가르침에도 불구하고 제자들은 마지막 십자가의 길을 예고하시는 최후의 만찬 석상에서조차 누가 더 큰 자냐고 다툽니다.

> "또 그들 사이에 그중 누가 크냐 하는 다툼이 난지라"(눅 22:24).

그런 제자들의 모습을 바라보며 너무나 답답한 심정으로 주님은 말씀하십니다.

참고 사항

"예수께서 이르시되 이방인의 임금들은 그들을 주관하며 그 집권자들은 은인이라 칭함을 받으나 너희는 그렇지 않을지니 너희 중에 큰 자는 젊은 자와 같고 다스리는 자는 섬기는 자와 같을지니라 앉아서 먹는 자가 크냐 섬기는 자가 크냐 앉아서 먹는 자가 아니냐 그러나 **나는 섬기는 자로 너희 중에 있노라**"(눅 22:25-27).

세상의 통치자들은 백성들 위에 군림하여 권력으로 지배하지만 하나님 나라 공동체인 너희는 절대 그래서는 안 된다는 것입니다. 하나님 나라에서 크고 위대한 자가 되고 싶다면 누구든지 섬김의 삶을 살아야 한다는 가르침입니다. 예수님 스스로가 그 섬김의 도를 보이러 이 땅에 오셨고, 지금 이 순간에도 너희를 위해 섬기는 자리에 계시다는 것입니다.

나보다 높은 데 있는 자를 섬기는 것은 봉사가 아닙니다. 그것은 보수의 대가이거나 아부일 뿐입니다. 나보다 낮은 곳에 있는 자를 섬기는 것이 진정한 봉사입니다. 이처럼 교회 공동체의 삶의 원리는 세상과 근본적으로 다릅니다. 낮은 데 있는 사람을 섬기는 것은 그 사람으로부터 되돌아올 보상이 전혀 없기에 참된 봉사가 될 수 있습니다. 사람으로부터의 보상이 전혀 없는 그곳에서 우리는 비로소 예수님을 만나게 되고, 그분으로부터 하늘의 상급을 받게 되는 것입니다. 이것이 진정한 섬김이 있는 곳에 참된 영적 기쁨이 샘솟는 까닭입니다.

참고 사항

살아생전에 수많은 사람들로부터 섬김과 높임을 받던 자들은 모두 정복자들로서 피정복지의 백성들로부터 섬김을 받으며 살았습니다. 알렉산더, 칭기즈칸, 나폴레옹 등 살아생전 그들만큼 많은 사람들에게 섬김을 받았던 자는 없을 것입니다. 그러나 그렇게 섬김을 받았다고 해서, 이 세상 그 누구도 그들을 구원자로 받들어 섬기지 않습니다.

예수님은 단 한 평의 땅도 정복한 적이 없습니다. 사람으로부터 섬김을 받기는커녕, 그가 3년 동안 심혈을 기울여 길렀던 제자에게도 배신을 당하고 말았습니다. 인생의 마지막조차 십자가 위에서 사람들의 조롱을 받으며 비참하게 죽어 갔습니다. 그런데 희한한 것은, 그 초라했던 예수님이 오늘도 세계 도처에서 구원자로 받들어져 섬김을 받고 있다는 사실입니다. 인간으로부터는 그 어떤 대가를 바람도 없이 십자가 위에서 온전한 섬김을 완성하신 그분을, 하나님께서 함께하심으로 높이 받들어 주셨기 때문입니다. **예수님은 사람을 섬기고 대신 하나님의 섬김을 받은 것**입니다. 이 땅에서 가장 낮은 자로 섬기시다가 이 땅을 떠나서는 가장 높은 자로 섬김을 받으신 것입니다.

그러므로 우리가 주님의 도를 알고 주님의 뜻을 따르는 자라면, 서로 사랑의 공동체 안에서 연약한 지체를 더 섬겨 주고 품어 주어야 합니다. 그때 하나님으로부터 존귀히 여김 받는 자가 될 것입니다.

2. 상대방의 발까지 내려가는 것

주님께서는 마지막 순간에 말씀으로만 섬김의 도를 가르친 것이 아니라, 직접 몸으로써 섬기는 자의 삶의 자세가 어떠해야 하는지 보여 주십니다.

> "저녁 잡수시던 자리에서 일어나 겉옷을 벗고 수건을 가져다가 허리에 두르시고 이에 대야에 물을 떠서 제자들의 발을 씻으시고 그 두르신 수건으로 닦기를 시작하여"(요 13:4-5).

참고 사항

섬김이란, 상대의 수준까지 내려가는 것이로되, 상대의 머리가 아니라 발 아래까지 내려가는 것입니다. 이것이 진정한 섬김입니다.

우리가 섬겨야 하는 사람 가운데 상종하기조차 괴로운 사람이 분명 있을 것입니다. 그러나 자신의 지성과 인격에 비해 상대가 아무리 부족하다 해도 우리는 먼저 그 사람의 수준으로 내려가야 합니다. 그 사람의 머리까지만 내려가서는 안 됩니다. 우리가 하늘나라 공동체요 한 가족이라 하면서 상대방의 머리 언저리에 머물려 하기 때문에 진정한 섬김이 이뤄지지 못하고 서로 상처만 받는 것입니다.

우리는 이제 예수님을 본받아 섬기기 위해 발 아래에까지 내려가야 합니다. 그곳까지 내려가면 그때부터는 주님께서 역사하십니다. 그 사람의 발 아래서 무릎 꿇고 계시는 예수님과 만나기 때문입니다. 우리가 형제자매를 발 아래까지 내려가 섬길 수 있는 이유는 단 하나, 그들 안에서 그리스도를 보기 때문입니다. 우리는 그 이유 하나만으로도 지체를 섬길 충분한 이유가 있습니다.

상대방의 가장 낮은 자리까지 내려가 섬기는 삶을 산다는 것이 그리 쉽지는 않습니다. 눈을 질끈 감고 한 번은 할 수 있을지 모르지만, 평생 그렇게 산다는 것은 너무나 버거운 일임에 틀림없습니다. 아무도 알아주지 않고, 아무도 인정해 주지 않는 방식대로 산다는 것이 고독할 수도 있습니다. 하지만 하나님께서 보고 계십니다. 예수님께서 인정해 주시고 성령님께서 그 현장에서 친히 함께 무릎 꿇고 계십니다. 그렇게 발 아래 무릎 꿇고 있는 자리에서 주님은 당신을 하나님 나라의 높은 자리에까지 끌어올려 주실 것입니다. 그리하여 영화로운 자리에 초청하셔서 이 땅에서는 맛볼 수 없고 하늘나라 공동체에서만 맛볼 수 있는 섬김의 기쁨을 갖게 하실 것입니다.

결국 우리의 섬김은 한가족 된 교회 공동체를 공고히 세울 뿐 아니라 세상 사람들에 의해서도 인정받게 될 것입니다. 예수 그리스도처럼, 바울처럼, 마더 테레사처럼 말입니다.

인간의 마음이 가장 덜 이기적일 수 있는 하나님의 공동체 안에서도 이런 섬김을 내보일 수 없다면, 이기적일 수밖에 없는 세상 속에서 어찌 참된 봉사와 섬김의 삶을 살 수 있겠습니까? 그러므로 성숙한 그리스도인이 되기 위해서 우리는 끊임없이 섬김과 봉사의 자리에 서는 훈련을 해야 합니다.

3. 그리스도의 마음을 품는 것

"너희 안에 이 마음을 품으라 곧 그리스도 예수의 마음이니 그는 근본 하나님의 본체시나 하나님과 동등됨을 취할 것으로 여기지 아니하시고 오히려 자기를 비워 종의 형체를 가지사 사람들과 같이 되셨고 사람의 모양으로 나타나사 자기를 낮추시고 죽기까지 복종하셨으니 곧 십자가에 죽으심이라"(빌 2:5-8).

바울은 우리를 향해 **"너희 안에 이 마음을 품으라"**고 명령합니다. 이 마음이 어떤 마음입니까? **"예수 그리스도의 마음"**입니다. 예수님의 마음은 종의 형체를 가진 마음입니다. 아니, 종의 형체를 가지는 것으로 부족해 십자가에서 수치스런 죽음을 당하는 자리에까지 철저히 자신을 낮추신 마음입니다. 바울이 본받으라는 마음이 바로 이런 것입니다. 그리스도 예수의 마음을 품는 자가 될 때 그는 진정으로 예수님을 닮는 성숙한 제자가 될 것입니다.

이 예수님의 마음을 본받아 지체들끼리 서로 섬김의 도를 보여 하늘나라 공동체를 굳건히 세워 가야 합니다. 우리 안에 진정한 섬김이 드러날 때, 서로를 비판하기보다는 용서하고, 군림하기보다는 높여 주며, 자신의 이익을 추구하기보다는 희생하게 될 것입니다. 그리고 결국에는 죽기까지 섬기는 자가 될 것입니다.

"사람이 친구를 위하여 자기 목숨을 버리면 이보다 더 큰 사랑이 없나니 너희는 내가 명하는 대로 행하면 곧 나의 친구라"(요 15:13-14).

참고 사항

사람이 친구를 위하여 자기 목숨을 버리면 이보다 더 큰 사랑이 없다고 하십니다. 혹 우리가 부모님을 위해서, 또는 자식을 위해서는 죽어 줄 수 있을지도 모릅니다. 피로 맺어진 혈육이기 때문입니다. 그러나 친구를 위해 기꺼이 죽어 주는 것은 너무나 어렵습니다. 왜입니까? 눈 한 번만 돌리면 남남이기 때문입니다. 눈 한 번 질끈 감으면 그만이라는 것입니다. 그런데도 친구를 위해 기꺼이 죽어 주는 자가 있다면 이보다 더 큰 사랑은 없을 것입니다.

우리 그리스도인은 그런 사랑을 품는 자입니다. 나와 함께 하늘나라를 이뤄 가는 지체를 위해 생명까지 내줄 수 있는 섬김의 도를 보일 때, 세상이 침범치 못할 굳건한 하나님의 공동체가 세워질 것입니다. 그리고 주님으로부터 **"나의 친구여!"** 라는 음성도 듣게 될 것입니다.

주님의 친구가 되는 삶, 그것만으로도 우리의 생애를 걸 충분한 의미가 있지 않습니까? 그 음성을 들을 수 있는 유일한 길이 여기에 있습니다. 주님처럼 생명을 다하는 섬김을 통해 하늘나라 공동체를 굳건히 세워 가는 것입니다.

밴드 교회 Check Point 8

목장 모임 이렇게 하라!

하나의 소그룹을 부흥시키기 위해서는 다방면의 노력이 필요하다. 단 한 번이라도 모임의 분위기가 좋지 않은 상태에서 끝난다면 다시 참석하지 않는 사람들이 생기기 때문이다. 그것을 회복시키기 위해서는 몇 배의 노력과 대가를 지불해야 한다. 그러므로 자신의 목장 상황을 지속적으로 점검하여 상황에 알맞게 대처하는 지혜가 필요하다.

다음의 내용과 도표는 효과적인 점검을 할 수 있는 좋은 안내서가 될 것이다. 그날의 모임 상황을 분석하는 **미시적인 도표**와 총체적인 목장의 상황을 가르쳐 주는 **거시적인 도표**를 적절히 잘 활용한다면 목장을 건강하게 세울 수 있을 것이다.

※ 목장 인도하는 방법 4단계 ※

1단계 : 인간 대 인간-친밀감 형성의 시간

이 시간은 **인간 대 인간의 관계 형성이 중심**이다. 목장의 지도자(목자, 준목자)는 모임 이전에 목원들과 관계성을 늘 맺고 있어야 한다. 그래야 모임을 시작할 때 친밀한 분위기에서 시작할 수 있기 때문이다. 친밀한 분위기에서 모임을 시작하는 것이 중요한 이유는, 이 시간에 마음 문이 열려야 편안함을 느끼며 자신의 생각을 진솔하게 나눌 수 있기 때문이다. 그러한 분위기를 유도하기 위해 가벼운 분위기로 대화를 시작하고 함께 음식을 나누는 것이 중요하다. 이와 같이 자연스러운 모습으로 모임을 시작하게 되면 모임 자체가 형식적이지 않고 유연하게 진행될 수 있다.

참고 사항

2단계 : 인간 대 하나님-경배와 찬양의 시간

사람들 간에 교제가 무르익어 친밀감이 충분히 형성된 뒤에는 **사람이 하나님을 찾아가는 단계로 진행**되어야 한다. 이 시간은 몸 된 지체들이 머리 되신 예수님과 연결되는 시간이다. 만약 이 단계가 결여되면 인간적인 교제는 이뤄질지 모르나 주님과의 교제로는 나아가지 못한다. 그러므로 찬양의 시간을 통해 하나님께 온 마음을 모을 수 있도록 이끌어 줘야 한다.

3단계 : 하나님 대 인간-말씀 나눔(교화)의 시간

하나님께서 인간에게 말씀하시는 시간이다. **하나님의 말씀을 함께 나누고, 모임 안에서 역사하시는 하나님을 경험하도록 하는 데 초점**을 둔다. 말씀을 통해 서로를 세워 주고 신령한 은사들을 활용하도록 격려해야 한다. 또한 말씀을 삶 속에서 구체적으로 어떻게 적용하며 살 것인가를 생각하는 시간이 되어야 한다.

4단계 : 신자 대 불신자-비전 나누기

이 시간은 **비전을 나누는 시간**이다. 예배에 참석하지 못한 목원들의 심방 계획과 전도 계획을 짜기도 하고, 각 목원들의 수준에 따라 성경 공부를 받을 수 있도록 권유하는 등 전도 사역과 관리 사역을 적절히 배분하여 나눈다. 특별히 모든 목원들이 전도하는 것을 중요하게 여기도록 독려해야 한다. 이 비전 나눔이 활발하면 할수록 목장은 활기차게 성장하게 된다.

※ 목장 점검 도표 ※

① 4단계를 잘 수행한 목장 모임(미시적)

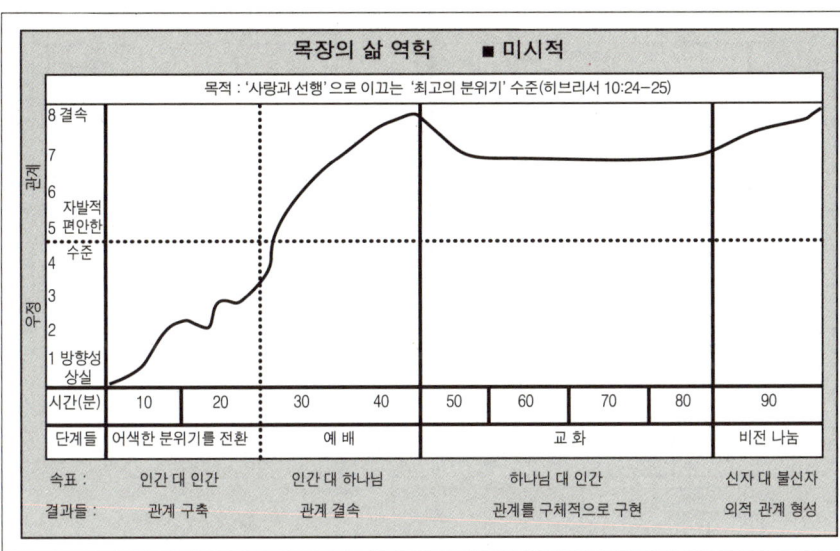

1. 4단계를 잘 수행한 목장 모임(미시적)

목장 모임 4단계를 아주 잘 진행한 상태를 나타낸다. 그래프는 목장 구성원들의 영적 고조 상태를 나타낸다. 친밀감을 가지는 1단계에서부터 경배와 찬양의 2단계, 말씀 나눔의 3단계, 그리고 비전 나눔의 4단계까지 영적으로 꾸준히 고조되어 매우 바람직한 모습으로 모임이 진행되었다.

② 4단계를 잘 수행한 목장 모임(거시적)

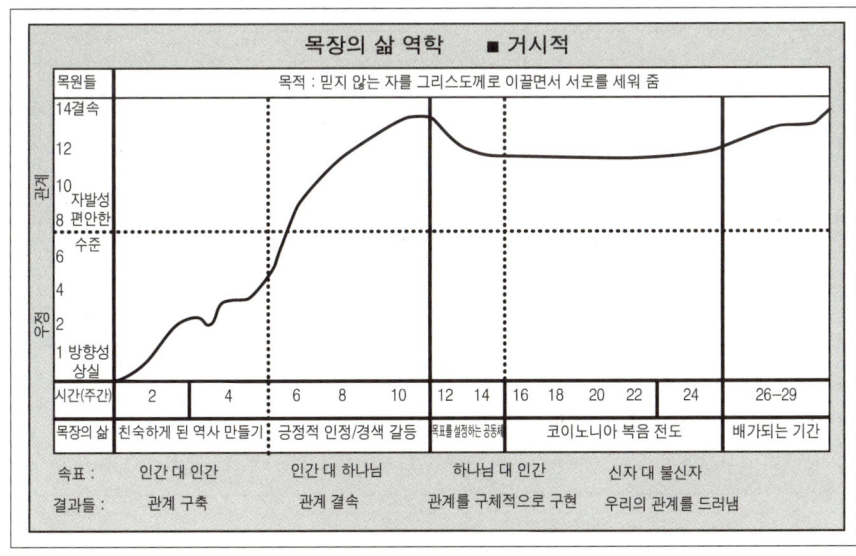

2. 4단계를 잘 수행한 목장 모임(거시적)

목장이 최고의 분위기 속에서 6개월 이상 모임을 지속했을 때 나타나는 결과를 보여주는 그래프이다. 목장 모임이 단계별로 잘 진행되어 서로 간의 결속력이 커져 7-8명 정도의 인원이 확보되고, 10주가 지나자 12-14명 정도가 꾸준히 관계를 가지는 모습으로 성장하게 되었다. 결국 6-8개월 사이에는 목장을 분가해야 하는 단계에 이르게 된다.

참고 사항

3. 1단계가 결여된 목장 모임(미시적)

목자가 목원들 간의 어색한 분위기를 전환시키지 못하고 모임을 시작한 상태이다. 모임의 분위기는 시작부터 침체되고 영적으로 전혀 고조되지 않은 상태에서 모임을 끝마치게 된다. 이런 상황에서는 자유로운 나눔이 거의 일어나지 않는다.

③ 1단계가 결여된 목장 모임(미시적)

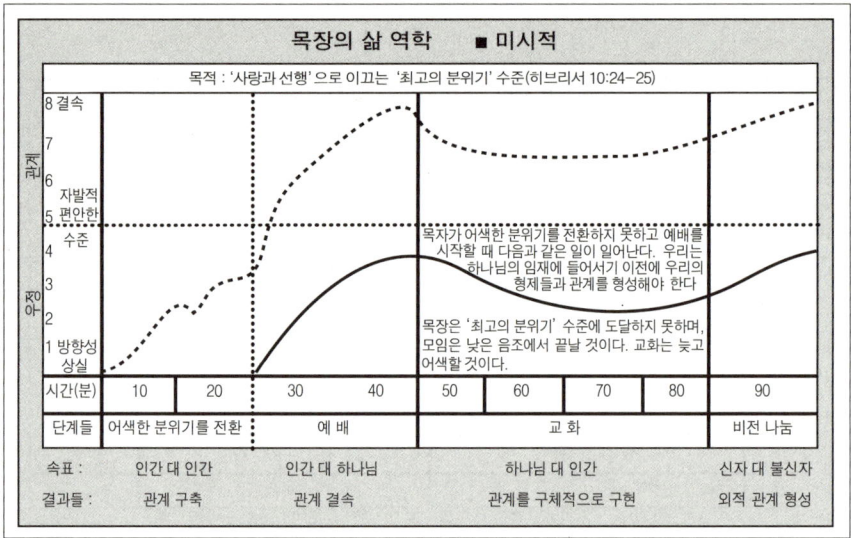

4. 1단계가 결여된 목장 모임(거시적)

친밀한 분위기 형성에 실패한 채 6개월 이상 모임을 지속했을 때 나타나게 될 현상이다. 지도자의 강한 권면 때문에 4-5개월까지는 6-7명이 모일 수 있으나, 결국 형식적인 모임의 여파로 그 기간이 지나면 더 깊이 침체되어 회복이 어려워진다.

④ 1단계가 결여된 목장 모임(거시적)

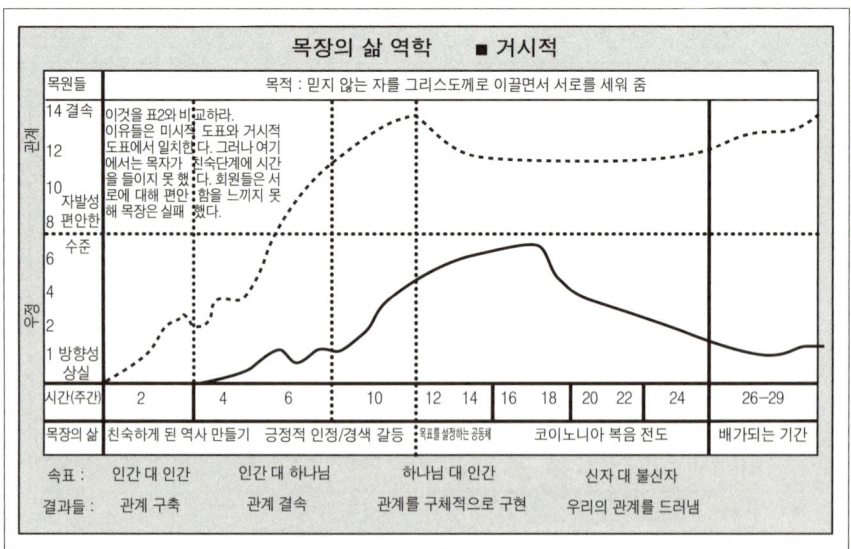

⑤ 2단계가 결여된 목장 모임(미시적)

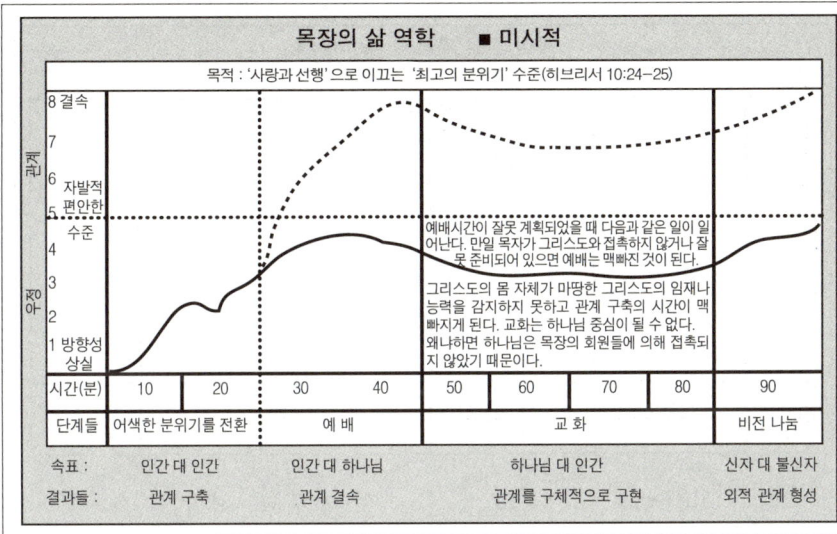

5. 2단계가 결여된 목장 모임(미시적)

1단계에서 인간관계는 잘하였으나, 2단계로 접어들어 하나님을 향해 나아가는 찬양의 시간이 결여됨으로 맥빠진 모임이 되었다. 이 시간을 통해 지체들이 그리스도의 임재나 능력을 느끼지 못한다면 아무리 인간관계가 잘되어 있다 하여도 모임의 능력은 없다. 왜냐하면 모임 자체가 하나님 중심이 되지 못하여 가장 중요한 하나님과의 영적 접촉이 거의 일어나지 않기 때문이다.

⑥ 2단계가 결여된 목장 모임(거시적)

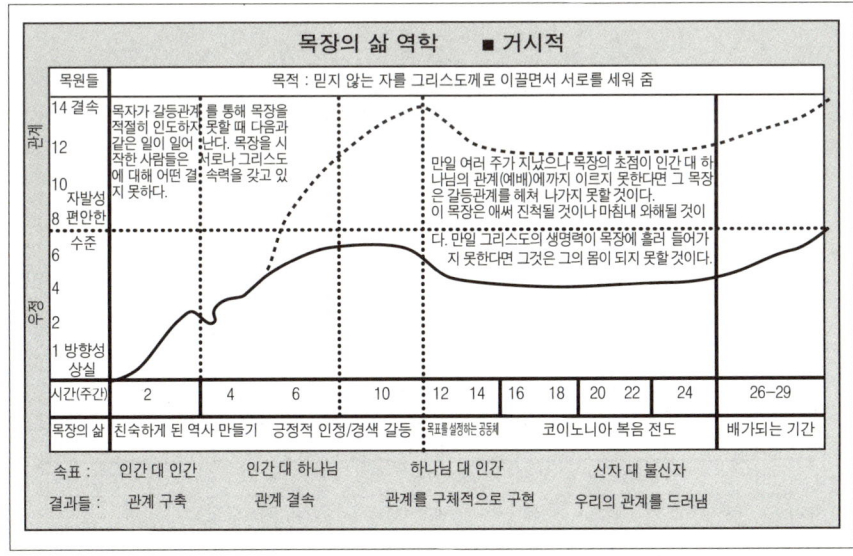

6. 2단계가 결여된 목장 모임(거시적)

하나님과의 관계가 장기적으로 이뤄지지 않을 때 나타나는 현상이다. 3-4개월 사이를 고비로 갈등 관계를 헤쳐 나가지 못하고 목장이 침체되기 시작한다. 그리스도의 생명력이 목장에 흘러 들어가지 못한 결과이다.

참고 사항

7. 3단계가 결여된 목장 모임(미시적)

3단계인 말씀 나눔(양육, 교화)의 시간이 결여된 상태의 목장 모임 그래프이다. 목원들을 말씀으로 세워 주고 영적 은사를 불어넣어 주는 이 시간이 결여된다면 아무리 찬양을 통해 영적 분위기를 고조시켜 놨어도 금방 가라앉게 된다. 결국은 내적 힘을 상실하게 되어 낮은 분위기에서 모임이 끝난다.

⑦ 3단계가 결여된 목장 모임(미시적)

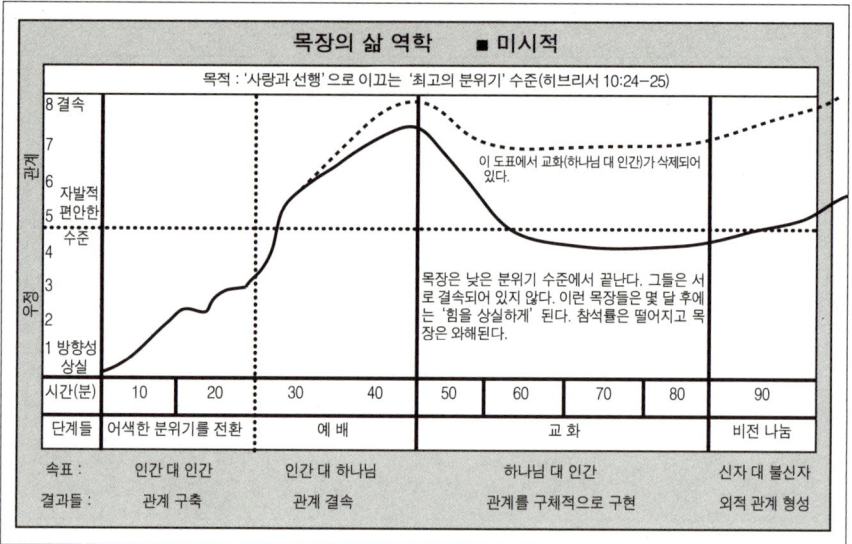

8. 3단계가 결여된 목장 모임(거시적)

말씀을 통한 교화가 없는 모임에 머물자 성장하던 추진력이 점차적으로 상실되었다. 인간적인 관계성은 잘 맺어 정착은 시켰으나, 그대로 방치하여 성숙되지 못한 상태로 남겨 두자 지루함을 느끼고 중도에 탈락하게 된 것이다. 말씀을 강하게 전하지 않는 것이 목장 식구들에게 부담을 주지 않는 좋은 방법일 것 같지만, 그렇게 6개월 정도가 지나면 목장 자체가 완전히 소멸하게 될 것이다.

⑧ 3단계가 결여된 목장 모임(거시적)

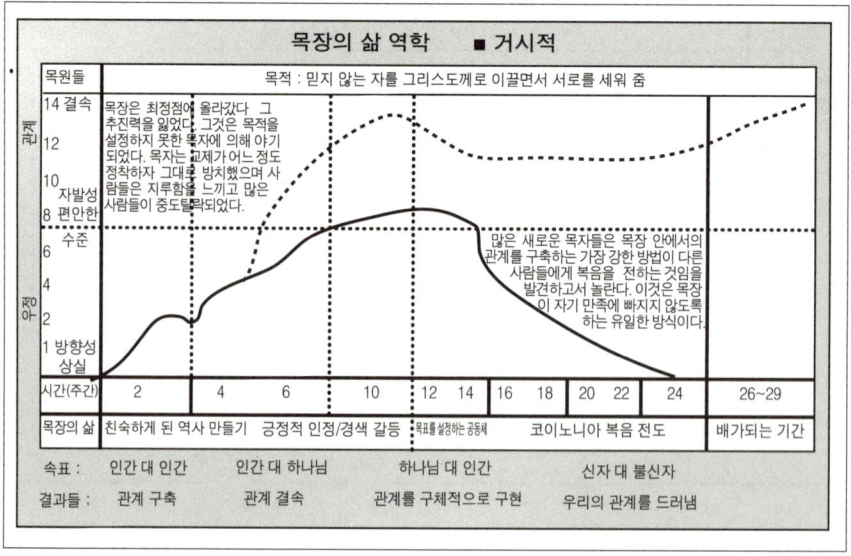

참고 사항

⑨ 4단계가 결여된 목장 모임(미시적)

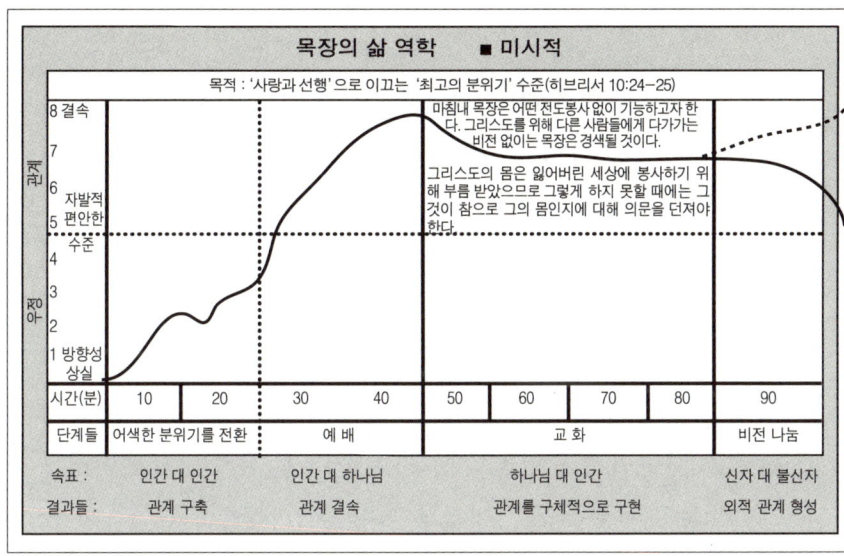

9. 4단계가 결여된 목장 모임(미시적)

목장 모임의 분위기는 최고조에서 잘 진행되었다. 그런데 마지막 단계인 비전 나눔이 제외됨으로 끝마무리가 경색되고 말았다. 전도나 봉사 없이 목장 모임이 가능할 것 같지만 결코 그렇지 않다. 왜냐하면 그리스도의 몸은 세상을 향해 봉사하기 위해 부름 받았기 때문이다. 사역을 잃어버린다면 과연 그 공동체가 그리스도의 몸인지 의문을 던져 보아야 한다.

⑩ 4단계가 결여된 목장 모임(거시적)

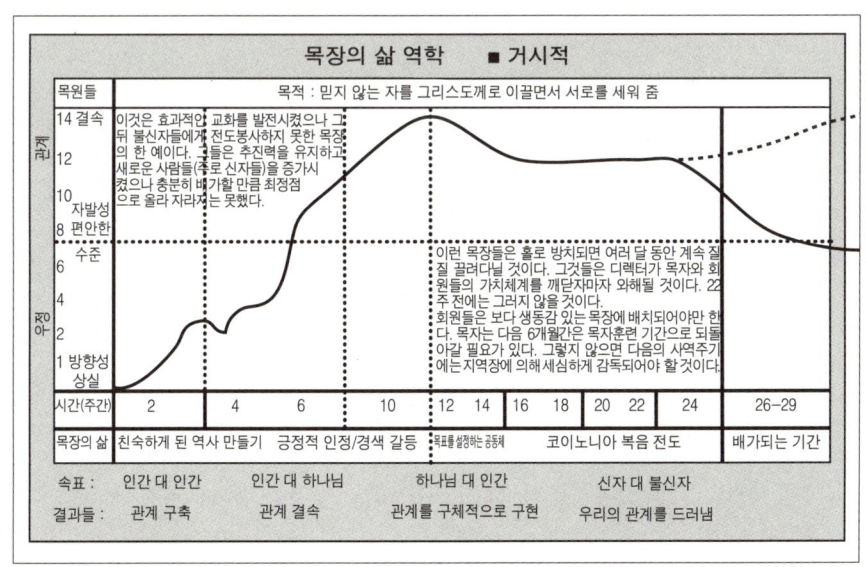

10. 4단계가 결여된 목장 모임(거시적)

목장은 무난하게 부흥되었고 결속력도 좋았다. 그러나 비전이 상실된 모임이 계속되자 점점 경색되어 가고 결국 분가할 수 있을 만큼 최정점에 이르지 못했다. 계속해서 이런 상태를 방치한다면 여러 달 동안 질질 끌려다니다 5-6개월 사이부터는 가치성을 잃은 목원들이 점점 목장을 이탈하게 될 것이다. 모임을 통해 얻게 된 은혜는 영혼 구령과 봉사 사역을 통해 전력을 쏟아내야 의미가 있고, 그 결과로 목장도 부흥하게 된다.

참고 사항

실전 적용 Band Case 8

원칙 안에서 적용은 현장에 맞게!

　초기 밴드 교회가 뿌리내리는 와중에 목장이 갑자기 부흥하기 시작하자, 목자 혼자서는 감당할 수 없는 숫자의 사람들이 몰려왔다. 집단 상담에서는 15명까지가 한계(셀 목회에서도 15명이 분가의 기준)라고 했지만 그건 불가능한 숫자였다. 전문적으로 훈련받은 사람이면 몰라도 그냥 평범한 예수마을 교인들에게는 어림도 없었다. 아니 10명만 돼도 감당하기 어려워했다. 그래서 제시한 기준이 12명이다. 원래 속회의 기본 단위였기도 했지만 그 정도는 돼야 나누어져도 역동성을 잃지 않을 것 같았기 때문이다.

　하지만 분가의 방법은 전적으로 목자 자신에게 맡겼다. 누구를 어떻게 배치하든 그것은 구성원들을 가장 잘 아는 목자들의 몫이었다. 목자들은 역시 대단했다. 그들은 분가를 계획하면서 제법 훈련이 잘되고 신앙심이 있는 목원들을 새로 분가하는 목장에 배치했다. 자신은 부흥시킨 경험이 있기 때문에 신앙심이 여린 사람들을 데리고도 잘할 수 있겠지만, 새로 분가해 가는 목장의 목자는 그렇게 하기가 쉽지 않을 것이기에 조력자들을 함께 보내는 것이었다. 이 얼마나 감동적인가?

　그러나 그 감동은 오래가지 못했다. 몇몇 나누어진 목장이 쇠퇴하는 모습을 보인 것이다. 그 목장들은 하루가 다르게 모이는 숫자가 줄고, 모임의 역동성도 약해졌다. 왜 그런지 궁금했다. 어째서 분가된 다른 목장은 잘되는데 저 목장은 안 될까? 조사해 보니 약간의 차이는 있었지만 그 원인은 목자의 차이에 있었다. 쇠퇴하는 목장의 목자는 확실히 준비가 덜 되어 있었던 것이다. 이것은 이후에도 확인된 바, 백이면 백 사실이었다.

　또 한번 자존심을 구길 때가 되었다. 자랑스럽게 분가한 목장들 중 몇몇이 완전히 아사 직전까지 갔으니 말이다. 고심 끝에 나는 직권으로 두 목장을 합치게 했다. 한마디로 원상 복귀였다. 이미 목자로 승진(?)한 이들이 다시 준목자로 강등(?)되는 현실을 받아들일 수 있을지 의구심이 있었지만, 죽어 가는 영혼들을 하루빨리 살려야 한다는 생각에 그 같은 결정을 내렸다. 놀랍게도 합치니 다시 살아났다.

이 경험을 통해 나는 중요한 사실을 알게 되었다. 숫자 놀음에 얽매이면 망한다는 것이다. 숫자가 좀 많아서 모임 진행이 어려워지고 원칙상으로 분가해야 할 시점에 이르렀다고 해서, 준비도 되지 않은 사람을 지도자로 세워 나눈다면 반드시 쓰러질 것이다. 가장 중요한 것은 준비된 지도자이기 때문이다.

이 후로 나는 내가 평가하기에, 또 다른 이들이 평가하기에 지도자감으로 성장하지 않은 사람은 절대 목자로 세우지 않는다. 사람이 너무 많아 넘쳐흐르면 흐르는 대로 내버려둔다. 지도자가 없기에 어쩔 수 없다. 그렇게 가는 것이 지도자 없이 분가하는 것보다 훨씬 낫다는 사실을 이젠 누구나 다 알기에 모두 순종한다.

이 경험 후 나뿐 아니라 목자들에게도 한 가지 변화가 일어났다. 이전에는 목원들 챙기는 데만 급급했는데, 이젠 준목자를 우선적으로 챙기고 많은 사역의 기회를 제공하여 목자감으로 훈련시키는 데 관심을 많이 둔다. 하마터면 애써 일구어 놓은 목장을 망칠 뻔했다는 사실이 목자들을 이렇게 변화시킨 것이다.

"명심하라! 원칙을 기준으로 하되, 적용은 현장에 맞게 하는 것이 중요하다."

《교회의 체질을 바꿔라》中

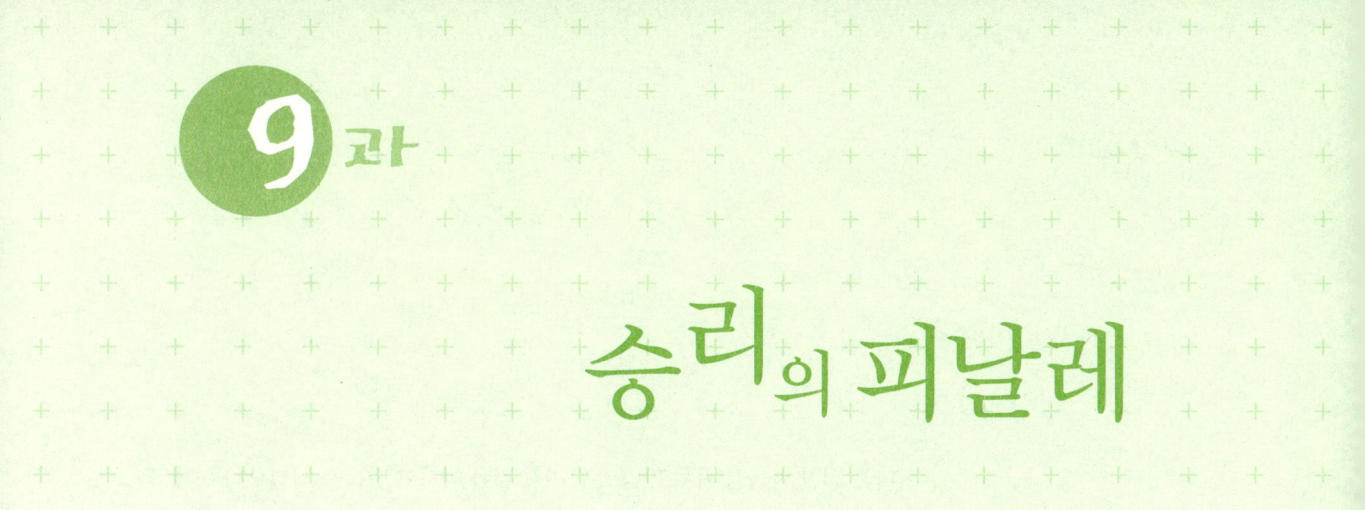

9과 승리의 피날레

> 참고 사항

승리의 피날레

> "나는 선한 싸움을 싸우고 나의 달려갈 길을 마치고 믿음을 지켰으니 이제 후로는 나를 위하여 의의 면류관이 예비되었으므로 주 곧 의로우신 재판장이 그 날에 내게 주실 것이며 내게만 아니라 주의 나타나심을 사모하는 모든 자에게도니라"(딤후 4:7-8).

'영적 전투', 그리스도인과 사탄의 관계를 가장 간결하게 설명해 주는 말입니다. 우리가 섬김의 삶을 통해 견고한 하늘나라 공동체를 만들어 갈 때 사탄은 무슨 수를 써서라도 그 공동체를 무너뜨리기 위해 총공세를 펼 것입니다. 그러므로 우리가 참된 그리스도인으로 산다고 하는 것은 한편으로 치열한 영적 전투의 전장에 서 있는 것과 같습니다. 우리는 이 전투에서 승리를 쟁취함으로 이 땅 위에 하나님 나라를 세워야 합니다.

사탄이 세상의 권세를 쥐고 있다고는 하지만, 그와 비교할 수 없는 능력을 가진 예수 그리스도께서 우리 안에 계십니다. 그분만 의지하고 나아가면 이 싸움은 승리할 수밖에 없습니다. 오히려 영적 전투를 통해 지체들 간의 결속력이 더 강화될 것이며, 더 나아가 지역과 사회를 하나님의 나라로 회복시키는 계기가 될 것입니다.

지피지기 백전백승(知彼知己 百戰百勝)이라 했습니다. 적을 알고 나를 알면 모든 싸움에서 승리할 수 있다는 말입니다. 우리가 이 영적 싸움에서 승리하기 위해서는 먼저 적인 사탄의 정체를 예리하게 파악하고, 그리스도의 군사인 나 자신을 바로 알아야 할 것입니다. 그렇다면 예수님께서는 어떻게 제자들을 영적 전투에서 승리할 수 있는 전사(戰士)로 훈련시키셨는지 살펴보면서, 우리가 어떤 자세로 사탄과의 일전을 맞이해야 할지 알아보도록 하겠습니다.

1. 적을 알라 – 사탄의 특성

우리는 사탄의 존재를 규명할 때 **"공중의 권세 잡은 자"**(엡 2:2)이며 **"이 세상의 임금"**(요 14:30)이라고 정의합니다. 그러면 '공중의 권세 잡은 자, 이 세상의 임금' 이라는 말이 정확히 무엇을 의미하는 것일까요?

성경은 세상이 사탄의 소유이고, 사탄은 자신의 통치권을 가지고 세상을 지배한다고 말씀합니다. 그 사실을 가르쳐 주는 가장 결정적인 단서는 바로 예수님이 광야에서 받으신 시험입니다.

> "마귀가 또 그를 데리고 지극히 높은 산으로 가서 천하 만국과 그 영광을 보여 이르되 만일 내게 엎드려 경배하면 이 모든 것을 네게 주리라"(마 4:8-9).

여기서 **'만국'**(kingdoms)에 해당하는 헬라어는 **'바실레이아'**(*basileia*)입니다. 이 단어는 **'영역'** 혹은 **'지배하다'** 라는 뜻을 가지고 있습니다. 사탄이 예수님을 시험하며 제안한 것은 '온 세상의 지배권을 네게 주겠다' 는 것이었습니다. 즉 사탄이 세상의 모든 지배권을 가지고 있다는 말입니다.

사탄이 세상의 모든 지배권을 가지고 있다면 과연 하나님의 영역은 어디일까요? 만약 저 천국 너머에만 하나님의 세계가 있다면 이 땅에 그리스도인이 서 있을 수 있는 근거가 없을 것입니다. 이때 우리는 시편 24편 1절을 봐야 합니다.

> "땅과 거기에 충만한 것과 세계와 그 가운데에 사는 자들은 다 여호와의 것이로다"(시 24:1).

땅과 거기 충만한 것들이 다 여호와의 것(시 24:1)이라는 말씀과 사탄이 이 세상의 임금(요 14:30)이라는 말씀이 상충되는 것처럼 보입니다. 하지만 이 문제에 대한 해답은 각 본문의 문맥 속에 들어 있습니다.

참고 사항

시편 24편 1절의 '땅'에 해당하는 히브리어는 '**에레츠**'(erets)로 '**땅, 육지, 대지, 들판**' 등을 의미하는 말입니다. 물질적인 땅과 그 열매, 그리고 그 안에 거하는 모든 것들은 다 하나님께 속한 것이라는 말씀입니다. 이와는 대조적으로 요한복음 14장 30절에 나오는 '**이 세상**'에 해당하는 헬라어는 '**코스모스**'(cosmos)입니다. 이 단어는 '**구조, 인간 조직, 정치 체제**' 등을 의미합니다. 다시 말해, 사탄은 인간 조직이나 정치 체제의 지배자임을 의미하는 것입니다.

따라서 이 두 구절은 서로 상충되지 않습니다. 별개의 내용을 말하는 것입니다. 땅과 그 안에 거하는 모든 것은 우리의 대장 되신 창조주 하나님께 속해 있습니다. 단지 사탄은 아담의 타락 이후, 합법적인 권한을 갖고 인간이 만들어 놓은 조직이나 정치 체제 등을 조정해 인류를 향하신 하나님의 계획을 방해할 뿐입니다.

그렇다면 사탄이 인간 조직과 정치 체제를 효과적으로 점령하기 위해 사용하는 방법은 무엇일까요? 이것을 알게 되면 우리는 적의 내막과 무기를 속속들이 알게 되어 영적 전투의 현장에서 훨씬 유리한 고지를 점령할 수 있습니다.

사탄의 첫 번째 무기는 '**죄**'입니다. 죄는 사탄의 **능동적인 무기** 중의 하나로서 하나님이 창조하신 에덴을 파괴했을 뿐 아니라, 오늘날에도 끊임없이 하늘나라 공동체를 세우는 현장마다 이 무기를 사용하여 사탄의 통치를 받게끔 만들어 버립니다.

두 번째는, '**참소**'하는 것입니다. 이것은 **수동적인 무기**로서, 우리가 은밀하게 빠지도록 설치되어 있습니다. "**내가 결코 너희를 버리지 아니하고 너희를 떠나지 아니하리라**"(히 13:5)고 말씀하신 하나님의 보호를 받는 우리에게, 사탄은 매일 만나는 문제들을 통하여 그 약속의 견고성을 의심하게 만듭니다.

사탄은 우리를 하나님의 손길에서 빼내기 위해 '**참소**'를 사용하여 '**염려**'가 생기게 합니다(벧전 5:7). 참소를 통해 우리 삶에 염려가 찾아오게 되면 믿음의 자리에 두려움이, 소망의 자리에 절망이 덮치게 됩니다. 결국에는 하나님에 대한 신뢰가 무너져 버림으로 영적인 힘을 잃게 되어 사탄의 지배 아래로 들어가게 되는 것입니다.

셋째는, 우리가 잘 알지 못하는 무기인 **'영적 요새'** 입니다. 그것은 죄처럼 능동적인 것도, 참소처럼 수동적인 것도 아닌 감추어진 것입니다. 그러면 영적인 요새란 구체적으로 무엇을 의미할까요?
　그것은 **'우리로 하여금 하나님의 뜻과 반대되는 상황들을 불가피한 것으로 받아들이게 하는 의식구조'** 입니다. 하나님의 뜻은 분명합니다. 그러나 삶의 현실은 그러한 하나님의 뜻을 온전히 지켜내는 것이 불가능하다고 속삭입니다. 이로써 우리의 **앎(하나님의 뜻)** 과 **삶(우리의 행실)** 은 점차적으로 분리되게 됩니다. 이런 현실은 우리를 절망으로 인도하게 되어 사탄의 지배하에 무기력하게 존재하게 되는 것입니다. 우리가 능동적으로 **'성화를 추구하는 삶'** 을 살아야 하는 이유가 여기에 있습니다. 그것은 나를 다스리는 주인이 사탄이 아니라 하나님이심을 드러내는 가장 적극적이고도 공격적인 표현입니다.

죄와 참소, 그리고 영적 요새를 통해 집요하게 인간을 통치하고 다스리는 사탄의 정체를 파악하게 될 때, 우리는 영적 전투에서 무엇을 공략해야 하는지, 어디에 온 힘을 집중해야 하는지 알게 될 것입니다. 이것이 **지피(知彼: 적을 아는 것)** 입니다.

2. 나를 알라 – 그리스도의 군사

자! 이러한 현실 앞에 우리는 어떻게 대처할까요? 먼저 말씀을 통해 그리스도인 된 나 자신의 위치가 어떤 것인지 알아야 합니다.

참고 사항

"허물로 죽은 우리를 그리스도와 함께 살리셨고 (너희는 은혜로 구원을 받은 것이라) 또 함께 일으키사 그리스도 예수 안에서 함께 하늘에 앉히시니"(엡 2:5-6).

사탄의 참소에 빠져 죄를 지음으로 영적으로 죽게 된 인간은 **'세상을 향한 통치권'**(창 1:28-모든 만물을 다스리라)을 사탄에게 모두 뺏겨 버렸습니다. 그러나 하나님께서는 죽음 가운데 있던 인간을 그리스도 예수 안에서 다시 살리셨습니다. 이로써 우리의 영적 위치는 하늘로 복권되었습니다. 그뿐만이 아닙니다. 우리는 그곳에서 예수 그리스도와 함께 **'보좌에 앉힌 바'** 되었습니다. 우리와 함께 거하시는 예수님이 어떤 능력을 가지고 계신 분입니까? 성경은 이렇게 증거합니다.

"모든 통치와 권세와 능력과 주권과 이 세상뿐 아니라 오는 세상에 일컫는 모든 이름 위에 뛰어나게 하시고 또 만물을 그의 발 아래에 복종하게 하시고 그를 만물 위에 교회의 머리로 삼으셨느니라"(엡 1:21-22).

예수 그리스도는 '모든 통치와 권세와 능력과 주권을 가진 자', 즉

사탄을 '과거, 현재, 미래'의 전 영역에서 복종케 하는 능력을 가지고 계십니다. 그런 능력을 가진 예수 그리스도와 우리가 함께 하늘에 앉힌 바 되었으니 우리의 영적 위치가 얼마나 고귀한 것이겠습니까? 하나님께서는 그 예수 그리스도를 교회의 머리로 주셨습니다. 따라서 교회의 몸 된 우리가 예수 그리스도와 잘 붙어 있기만 한다면 사탄이 당할 수 없는 강력한 영적인 능력을 발하게 될 것입니다.

"나는 포도나무요 너희는 가지라 그가 내 안에, 내가 그 안에 거하면 사람이 열매를 많이 맺나니 나를 떠나서는 너희가 아무것도 할 수 없음이라"(요 15:5).

그리스도의 군사가 해야 할 일은 모든 능력을 갖고 계신 예수 그리스도께 접붙인 바 되는 것입니다. 그리스도를 떠나서는 아무것도 할 수 없기 때문입니다. 예수님과 함께 있기만 한다면 우리는 이 땅에서 많은 열매들을 거두게 될 것입니다. 사탄은 우리의 털끝 하나도 건드릴 수 없습니다. 오히려 우리가 가는 곳마다 자신의 영역을 내놔야 할 것입니다.

그런데 왜 그런 역사가 일어나지 않습니까? 사탄이 **죄**를 통하여 우리가 그리스도와 함께 있지 못하게 만들기 때문입니다. 우리에게 **참소**를 발함으로 아담이 그랬던 것처럼 주님을 향한 믿음을 잃어버리게 하기 때문입니다. 또한 **영적 요새**를 통해 우리의 앎과 삶을 괴리시킴으로 말씀대로 살지 못하게 만들기 때문에 능력이 없는 것입니다. 따라서 우리는 사탄의 어떠한 공격에도 끄떡없이 그리스도의 능력을 덧입기 위하여 하나님의 전신 갑주를 입어야 합니다(《진짜 그리스도인》 11과 참조).

"하나님의 전신 갑주를 취하라 이는 악한 날에 너희가 능히 대적하고 모든 일을 행한 후에 서기 위함이라"(엡 6:13).

참고 사항

하나님의 전신 갑주를 취함으로 사탄의 공격에도 흔들림 없는 확고한 믿음을 갖게 되면 싸움의 결과는 불을 보듯 뻔합니다. 이처럼 나 자신의 영적인 위치와 예수 그리스도와의 연합을 깨닫는 것, 그것이 '지기'(知己: 나를 아는 것)입니다.

3. 승리하라 – 사탄과의 영적 전투

지피지기(知彼知己)했다면 이제 전장에 나아가 백전백승(百戰百勝)을 해야 합니다. 예수님께서 제자들을 부르신 이유도 영적 싸움의 전장에 나아가 하나님의 나라를 세우게 하기 위함이었습니다.

"또 산에 오르사 자기가 원하는 자들을 부르시니 나아온지라 이에 열둘을 세우셨으니 이는 자기와 함께 있게 하시고 또 보내사 전도도 하며 귀신을 내쫓는 권능도 가지게 하려 하심이러라"(막 3:13-15).

예수님께서는 수많은 사람들 중에서 열두 명의 제자를 부르시고 그들과 함께 삶을 나눔으로 그리스도의 전사(戰士)로 훈련시키셨습니다. 제자들을 훈련시킨 예수님은 지체 없이 그들을 세상에 보내어 하나님

나라를 회복하게 하는 **'전도'**와 **'축귀'(逐鬼)** 사역을 맡기십니다.

이것은 같은 사역의 다른 이름입니다. 전도를 통해 한 영혼을 하나님 나라로 불러들이기 위해서 우리는 치열한 영적 싸움을 각오해야 합니다. 그 싸움의 와중에 사탄의 존재가 육적으로 드러났을 때, 귀신으로 인한 여러 가지 현상이 나타나는 것일 뿐입니다. 우리는 사탄과 전투를 할 때 영·혼·육, 전 영역에서 싸우는 것입니다.

그렇다면 하나님의 나라를 회복하는 원리가 무엇일까요? 예수님께서 하나님의 능력을 힘입어 귀신을 쫓아내신 후 이렇게 말씀하십니다.

> "강한 자가 무장을 하고 자기 집을 지킬 때에는 그 소유가 안전하되 더 강한 자가 와서 그를 굴복시킬 때에는 그가 믿던 무장을 빼앗고 그의 재물을 나누느니라"(눅 11:21-22).

사탄(강한 자)이 무장을 하고 **세상(자기 집)**을 다스리고 있을 때 그 영역은 범접할 수 없을 만큼 **견고해 보입니다(안전하되)**. 그러나 **예수 그리스도(더 강한 자)**가 오셔서 사탄의 영역을 모두 파(破)하시고 **그의 권세(그의 재물)**를 제어하셨습니다. 그러므로 교회 된 우리는 머리 되신 **그리스도의 능력을 힘입어(성령을 힘입은 자)** 나아가면 됩니다.

이제 우리의 눈을 들어 세상을 한번 바라봅시다. 이 세상이 마치 사탄의 안방 같은 모습은 아닙니까? 개인, 가정, 학교, 직장을 넘어 세상 곳곳에 사탄의 세력이 침투하여 사람들의 가치관을 지배하고 문화를 주도하고 있습니다. 골리앗처럼 거대하게만 보이는 사탄의 세력 앞에서 당신은 **'메뚜기'**가 되겠습니까, 아니면 **'다윗'**이 되겠습니까? 견고하게만 보이는 사탄의 세력이 우리를 두렵게 하지만, 더 강한 자 되신 예수 그리스도를 붙들고 나아갈 때 성령의 능력을 힘입어 사탄의 진을 파하고 하나님의 땅을 회복하게 될 것입니다.

이것이 우리에게 맡겨진 사명입니다. 그러므로 우리는 교회 안에서만 활발하고, 교회 안에서만 능력 있는 모임이 되어서는 안 됩니다. 구

참고 사항

체적으로 세상 속에 나아가 가정과 학교, 직장과 이웃 가운데 목장을 세워 가야 합니다. 그곳에서 사탄의 진을 파하고 뭇 영혼들을 살려냄으로써 승리의 개가를 부를 수 있어야 합니다.

이것이 그리스도의 군사들이 가져야 할 **개척 정신**(frontier spirit)입니다. 이 사명을 완수하기 위해서는 오직 주님께 속해 있어야 합니다.

> "나와 함께하지 아니하는 자는 나를 반대하는 자요 나와 함께 모으지 아니하는 자는 헤치는 자니라"(눅 11:23).

우리에게 '**아군**'이 아니면 '**적군**'이 있을 뿐입니다. 주님의 뜻을 따라 이 땅 위에 하늘나라를 회복해 가는 그리스도의 군사가 될 것인가, 아니면 하나님을 대적하는 사탄의 하수가 될 것인가를 선택해야만 합니다. 물론 이 싸움은 너무나 힘겨워 보이는 싸움입니다. 그러나 이 싸움의 끝에는 찬란한 승리의 면류관이 기다리고 있습니다. 그 영적 진리를 알았던 바울은 모든 싸움 가운데서 오직 하늘의 영광만을 바라보며 나아갔습니다. 그 결과 바울은 위대한 하나님의 전사(戰士)로 성경에 남겨지게 됐습니다.

> "나는 선한 싸움을 싸우고 나의 달려갈 길을 마치고 믿음을 지켰으니 이제 후로는 나를 위하여 의의 면류관이 예비되었으므로 주 곧 의로우신 재판장이 그날에 내게 주실 것이며 내게만 아니라 주의 나타나심을 사모하는 모든 자에게도니라"(딤후 4:7-8).

그 찬란한 면류관은 바울에게만 허락된 것이 아닙니다. 주의 나타나심을 사모하며 영적 전투에 임한 모든 이들에게 주어질 것입니다. 그 승리를 바라보며 하나님의 땅을 회복하기 위해 우리 함께 일어나 출정합시다.

참고 사항

이 산지를 내게 주소서

홍진호

주님이 주신 땅으로 한 걸음씩 나아갈 때에
수많은 적들과 견고한 성이 나를 두렵게 하지만

주님을 신뢰함으로 주님을 의지함으로
주님이 주시는 담대함으로 큰소리 외치며 나아가네

이 산지를 내게 주소서 그날에 주께서 말씀하신
이제 내가 주님의 이름으로 그 땅을 취하리니.

밴드 교회 Check Point 9

영적 전사를 키우라!

밴드 교회가 사탄과의 영적 전투에 승리하여 하나님의 지경을 확장해 나가면 그들을 돌봐 주고 지도해 줄 사람이 계속해서 필요하게 된다. 이것이 준디렉터와 준목자를 계속해서 양성해야 하는 이유이다. 그럼 여기서 준디렉터와 준목자를 세우는 원리에 대해 알아보도록 하자.

참고 사항

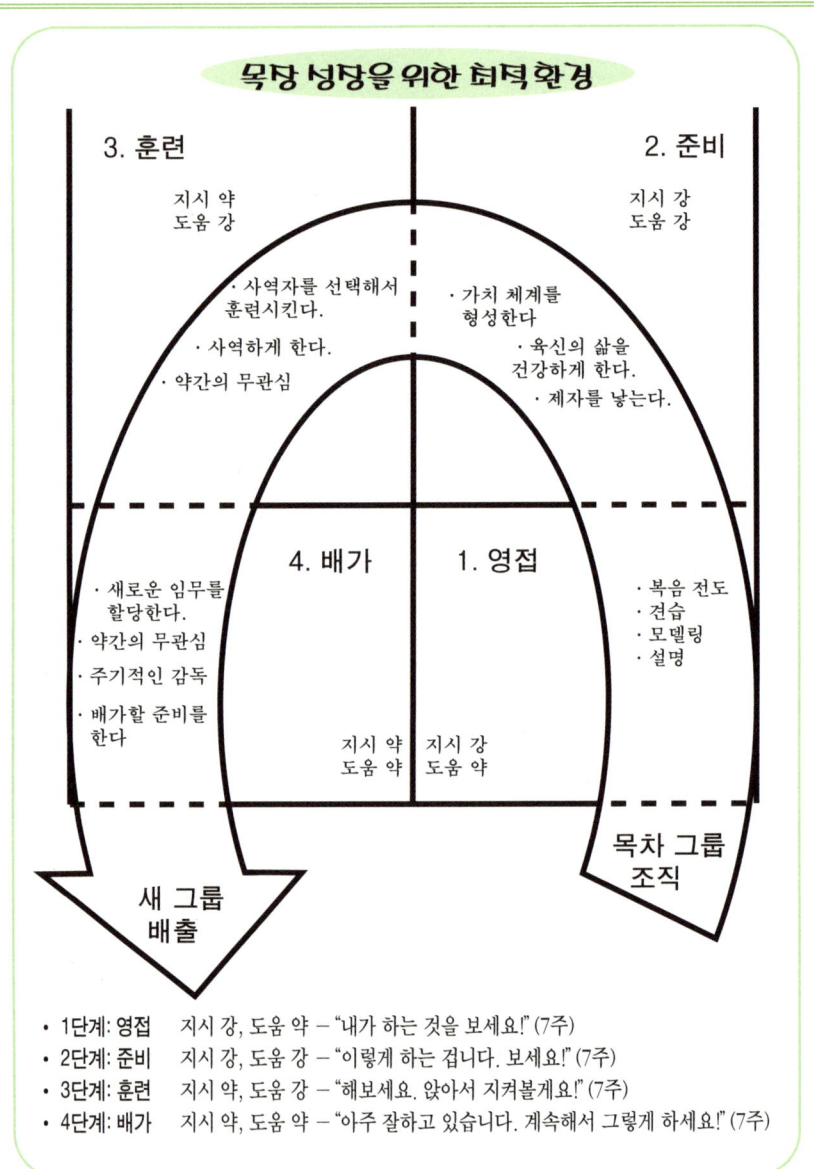

- 1단계: 영접   지시 강, 도움 약 – "내가 하는 것을 보세요!" (7주)
- 2단계: 준비   지시 강, 도움 강 – "이렇게 하는 겁니다. 보세요!" (7주)
- 3단계: 훈련   지시 약, 도움 강 – "해보세요. 앉아서 지켜볼게요!" (7주)
- 4단계: 배가   지시 약, 도움 약 – "아주 잘하고 있습니다. 계속해서 그렇게 하세요!" (7주)

1. 지시 강, 도움 약 – 첫 단계에서는 교회 사역의 전반적인 것들을 모르는 상태이기 때문에 많은 가르침(지시 강)이 필요하다. 도움이 약인 이유는 아직까지 사역이 맡겨져 있지 않기 때문이다. 지시의 강도를 높여 가며 서서히 사역을 맡겨 줄 시점을 파악해야 한다.

참고 사항

2. 지시 강, 도움 강 - 가르침을 통해 사역을 위한 준비가 되었을 때, 서서히 사역을 맡겨 간다. 사역을 하나 둘씩 맡게 되면 가르침뿐 아니라 도움도 강하게 필요하다. 이때 가장 중요한 것은 사역에 대한 바른 틀을 잡아 주는 것이다. 독립적으로 사역을 감당할 수 있는 발판을 마련하는 단계이기 때문이다.

3. 지시 약, 도움 강 - 이 단계에서는 가르치는 것은 점차적으로 줄여 가면서 스스로 사역해 갈 수 있도록 독려해야 한다. 본격적으로 사역을 맡게 되면서 많은 도움을 요구하게 될 것이다. 이때 자립적으로 사역할 수 있는 모든 역량을 키워 줘야 한다. 지도를 받는 자는 타인의 가르침에 종속되기보다는 자율적으로 사역을 감당하려는 시도가 필요하다.

4. 지시 약, 도움 약 - 마지막 마무리 단계이다. 분가를 준비하는 시점이기 때문에 모든 측면에서 준비가 되어 있어야 한다. 스스로 결단하여 일을 추진할 수 있도록 배려해야 하며, 종속적이 아닌 주체적인 지도자로 설 수 있도록 해야 한다.

> ※ 구체적으로 준목자가 목장에서 감당해야 할 일들

1. 목자의 사역을 모든 면에서 돕는 역할을 한다.
목자와 협의하여 역할분담을 할 수도 있다.

2. 목자의 사역을 위해서 목자는 물론 목원들을 위해 중보 기도 사역에 최선을 다한다.
기도도 훈련임을 기억하라.

3. 목자가 제 역할을 감당할 수 없을 때 일시적으로 목자의 사역을 감당한다.

9과 승리의 피날레

참고 사항

4. 목자의 목원 심방에 최선을 다해 동행한다.

 새로운 목장을 시작한다면 그 목장의 지도자인 목자와 준목자는 한 번 이상 각 가정을 자세히 심방해야 하며, 가정의 사정을 잘 이해하고 구체적으로 기도 목록을 작성한다.

5. 목자가 도움을 요청하는 일을 섬기는 자세로 순종해야 한다.

 봉사의 실제적인 예를 든다면, 차량 운행과 목원들의 필요를 채워 주는 일, 새 신자들을 특별하게 보살펴 주는 일 등이다.

> ※ 특별히 준목자들은 두 가지 유형이 있다

첫째, 분가될 목장의 목자로 세워질 수 있는 준목자
둘째, 목자로서는 부족하지만 목자의 사역을 돕는 데 탁월한 소질이 있는 준목자

 존 디렉터나 목자는 이들 특성을 잘 파악하여 준목자는 무조건 목자로 세운다는 자세보다는 보다 유연한 자세로 목자를 세워 가야 한다. 그럴 때 가장 효과적인 결실을 거둘 수 있다.

실전 적용 Band Case 9

영적 파워의 원천을 가지라!

 밴드 교회는 성화를 추구하는 소그룹 밴드를 축으로 하여 목장의 사역을 원활하게 이끌어 가는 형태를 지닙니다. 그러나 소그룹에 국한된 교회 형태는 아닙니다. 밴드 교회가 올바로 서기 위

참고 사항

해서는 소그룹 목회 전반을 지탱해 줄 영적 원천이 있어야 합니다. 소그룹이 혈관 역할을 하여 몸속 곳곳에 피를 날라다 주기 위해서는 먼저 피를 생성해 내는 근원이 있어야 한다는 말입니다. 이 영적인 원천(성령의 역사) 없이는 밴드 교회가 결코 세워질 수 없습니다. 만약 목회 구조와 원리로 밴드 교회를 세우려 한다면, 그것은 마치 자동차를 산 정상에 올려놓기 위해 목회자를 비롯한 평신도 지도자들이 뒤에서 열심히 밀고 올라가는 꼴밖에 되지 않을 것입니다. 그렇게 되면 얼마 안 가 지쳐 버리고, 결국 포기하게 될 것입니다. 그러나 자동차에 기름만 채워지면 목회자가 핸들만 조정해도 금방 산 정상에 오를 수 있습니다. 이것이 성령의 힘입니다. 하나님의 교회는 사람의 힘으로 세우는 것이 아니라 하나님의 능력으로 세워지는 것임을 기억하십시오.

예수마을교회가 영적 파워를 얻는 원천은 **'철야 기도회'**입니다. 철야 기도회를 통하여 밴드와 목장을 비롯한 교회의 모든 모임들이 영적인 힘을 공급받습니다. 지금까지 밴드 교회를 세우는 수많은 방법에 대해 나눴지만, 만약 여러분이 그 방법만 가지고 간다면 실패할 것입니다. 만약 방법론만 가지고 됐다면 새들백 교회나 윌로우크릭 교회, 힐송 교회나 여의도순복음교회 등에서 제시했던 대로 따라 했을 때 모두 그만한 교회가 됐어야 할 것입니다.

그러나 그렇지 않습니다. 외적인 틀이 좋은 안내서가 될 수 있지만, 그곳까지 가게 하는 일은 당신에게 맡겨진 몫입니다.

하늘나라 공동체에 도달하기 위해 밴드 목회 패러다임과 성령의 에너지를 함께 가지고 가십시오. 영적 파워 없이 하나님의 교회는 절대 회복되지 않을 것입니다. 우리의 모든 사역이 '영적 싸움'이기 때문입니다. 싸움은 낭만이 아닙니다. 이기거나 아니면 지는 것입니다. 내가 사탄의 진을 정복하여 하나님의 깃발을 꽂지 않으면 꽂힘을 당하는 것입니다.

그러므로 하나님으로부터 부어지는 영적 파워를 가지십시오. 그 위에 밴드 목회라는 틀을 입히게 될 때 당신의 교회는 하늘을 향해 힘차게 **비상(飛上)**하게 될 것입니다.

(예수마을교회 장학일 목사)

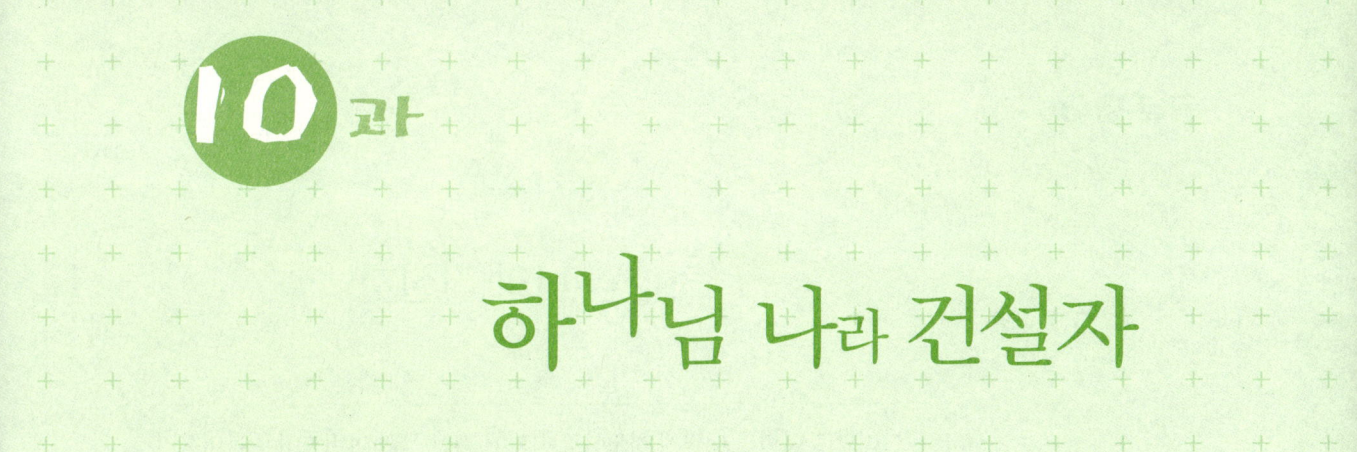

10과 하나님 나라 건설자

참고 사항

하나님 나라 건설자

> "그러므로 너희는 이렇게 기도하라 하늘에 계신 우리 아버지여 이름이 거룩히 여김을 받으시오며 나라가 임하시오며 뜻이 하늘에서 이루어진 것같이 땅에서도 이루어지이다 오늘 우리에게 일용할 양식을 주시옵고 우리가 우리에게 죄지은 자를 사하여 준 것같이 우리 죄를 사하여 주시옵고 우리를 시험에 들게 하지 마시옵고 다만 악에서 구하시옵소서 (나라와 권세와 영광이 아버지께 영원히 있사옵나이다 아멘)" (마 6:9-13).

사탄과의 영적 전투에서 승리함으로 하나님의 지경을 회복했다면, 이제 함께 연합하여 삶의 터전 위에 하나님 나라를 세워야 합니다. 그것이 이제껏 우리가 싸워 왔던 목표입니다. 그렇다면 우리가 세울 하나님 나라의 표상을 어디에서 찾아야 할까요? 우리가 회복해야 할 하나님 나라에 대한 예수님의 가르침이 가장 집약적으로 표현된 말씀이 있습니다. 그것은 바로 '**주기도문**' 입니다.

주기도문을 헬라어 원문으로 살펴보면 하나님을 향해 고백되는 세 구절, 즉 **"하늘에 계신 우리 아버지여 이름이 거룩히 여김을 받으시오며, 나라가 임하시오며, 뜻이 하늘에서 이루어진 것같이 땅에서도 이루어지이다"**에 각각 3인칭 명령형 단어가 나옵니다. 이 명령형 단어들이 가지는 중요한 특징은 말(명령)하는 자가 주체가 된다는 점입니다. 그러므로 이 모든 고백들은 **"제가 당신의 이름을 거룩하게, 당신의 나라가 임하게, 당신의 뜻이 이루어지도록 하겠습니다"**라는 스스로의 결단입니다(〈사역하는 그리스도인〉 5과 참조).

이 기도를 제자들에게 가르치실 때 주님의 마음속에는 '너희가 기도할 때마다 이 결단의 고백을 하나님께 드림으로 이 땅에 하나님의 나라를 세워 가는 자가 되라' 는 뜻이 담겨 있었습니다.

참고 사항

1. 하나님의 거룩함이 회복되는 곳

"하늘에 계신 우리 아버지여 이름이 거룩히 여김을 받으시오며"(마 6:9).

'하나님의 거룩함이 회복되는 곳이 하나님 나라' 입니다. 구약 시대의 이스라엘 백성들은 하나님의 이름이 너무나 거룩하여 죽을 때까지 그분의 이름을 한 번도 불러 보지 못했습니다. 그만큼 하나님을 거룩히 여겼다는 뜻입니다.

그러나 오늘날을 보십시오. 하나님의 이름을 거룩하게 여기기는커녕 만홀히 여기는 태도가 만연합니다. 하나님의 이름이 짓밟히고 무시당하는 이 시대에 우리를 통하여 그 이름의 영광이 회복돼야 합니다. 어떻게 그 이름의 영광을 되찾을 수 있을까요? 그 답이 여기에 있습니다.

"오늘 우리에게 일용할 양식을 주시옵고"(마 6:11).

언뜻 보면 일용할 양식을 구하는 것과 하나님의 이름이 거룩히 여김 받는 것이 별 상관없어 보입니다. 그러나 여기에는 매우 깊은 영적 진리가 숨겨져 있습니다. 여기서 **'일용할 양식'** 이라는 말은 오늘 하루를 살아가는 데 꼭 필요한 양식을 뜻합니다. 이렇게 매일매일 자신이 필요한 양식만큼만 품고 살아가는 자는 세상의 욕망으로부터 초연해질 수 있습니다. 그러한 삶의 비결을 터득했던 바울은 이렇게 고백했습니다.

"그러나 자족하는 마음이 있으면 경건은 큰 이익이 되느니라 우리가 세상에 아무것도 가지고 온 것이 없으매 또한 아무것도 가지고 가지 못하리니 우리가 먹을 것과 입을 것이 있은즉 족한 줄로 알 것이니라"(딤전 6:6-8).

참고 사항

우리가 일용할 양식으로도 자족하는 마음이 있으면, 성화의 삶을 살아가는 데 큰 유익이 된다는 말입니다. 다시 말해, 어차피 빈손으로 왔다가 빈손으로 가는 인생이니, 하루를 살 동안의 먹을 것과 입을 것이 있으면 족한 줄 알라는 가르침입니다. 이렇게 사는 자는 세상의 욕망으로부터 자유로워집니다. 세상 모든 죄의 근원이 어디에 있는 줄 아십니까? **욕심**에 있습니다.

"욕심이 잉태한즉 죄를 낳고 죄가 장성한즉 사망을 낳느니라"(약 1:15).

하나님의 이름이 가장 영화롭게 높임 받던 에덴의 파괴도 욕심에서부터 시작됐습니다. 하나님과 같아지려는 인간의 욕심, 그것이 죄로 드러났고, 죄로 인해 사망이 온 것입니다. 그 결과 하나님이 창조하신 가장 완전하고 아름다운 땅 에덴은 무너지고, 철저히 하나님의 이름이 짓밟히는 역사가 시작되었습니다.

이제 우리가 그 이름의 영광을 되찾아야 합니다. 우리가 죽음에 이르는 순서가 무엇이었습니까? 욕심이 잉태되어서 죄를 낳았고, 죄가 자라서 죽음이 왔습니다. 이것을 거슬러 올라가야 합니다. **죽음의 자리**에서 예수 그리스도를 영접함으로 **죄 사함**을 얻고, 일용할 양식에 자족하는 마음으로 **욕심을 버릴 때**, 다시금 **에덴의 회복**을 이룰 수 있습니다. 이러한 회복을 경험한 자는 자신의 여건과 상관없이 하나님 안에 자유할 수 있습니다. 그 자유를 누리며 살았던 바울의 고백입니다.

"내가 궁핍하므로 말하는 것이 아니니라 어떠한 형편에든지 나는 자족하기를 배웠노니 나는 비천에 처할 줄도 알고 풍부에 처할 줄도 알아 모든 일 곧 배부름과 배고픔과 풍부와 궁핍에도 처할 줄 아는 일체의 비결을 배웠노라 내게 능력 주시는 자 안에서 내가 모든 것을 할 수 있느니라"(빌 4:11-13).

하나님으로부터 오는 참 자유를 누렸던 바울은 어떤 환경 속에서도 하나님으로 인해 기쁠 수 있었고, 감사할 수 있었습니다. 이와 같은 자족함을 배울 때에야 우리가 진정으로 **성화의 길**을 걸어갈 수 있습니다.

"이같이 너희 빛이 사람 앞에 비치게 하여 그들로 너희 착한 행실을 보고 **하늘에 계신 너희 아버지께 영광을 돌리게 하라**"(마 5:16).

교회 된 우리가 하나님의 거룩함이 회복된 삶, 즉 **성화의 삶**을 살아감으로써 우리가 가는 곳마다 그 삶의 흔적을 보고 하나님의 이름이 영광되고 거룩히 여김을 받게 해야 합니다. 주기도문의 본래 의미처럼 '하나님의 이름이 거룩히 여김을 받도록 내가 하겠습니다' 라는 삶의 고백이 나타나야 한다는 뜻입니다. 그 고백이 드러나는 현장이 바로 하나님의 나라가 세워지는 곳입니다.

참고 사항

2. 하나님의 나라가 회복되는 곳

"나라가 임하시오며"(마 6:10상).

하나님의 나라가 임한다는 말은 그분의 통치가 회복되는 것을 의미합니다. 그렇다면 하나님 나라는 어떤 나라일까요? 하나님 나라는 민주주의도 공산주의도 아닙니다. 오직 만왕의 왕 되신 하나님께서 친히 통치하시는 **'왕국'(Kingdom)**입니다. 왕국에서는 왕의 말이 곧 법입니다. 때문에 왕국에서 가장 중요한 것은 왕의 말을 지키는 것입니다. 만일 왕의 말을 듣지 않는 자가 있다면 그는 왕국 백성이 될 자격이 없는 사람입니다.

그러므로 하나님 나라의 백성인 우리는 그분의 통치를 받아 그분의 말씀이라면 생명까지도 내놓고 지켜야 합니다. 이와 같이 하나님의 통치가 온전하게 이뤄지는 곳이 하나님 나라입니다. 그렇다면 우리가 어떻게 할 때 하나님의 통치가 온전히 회복될까요?

"우리가 우리에게 죄지은 자를 사하여 준 것같이 우리 죄를 사하여 주시옵고"(마 6:12).

'예수님의 사랑'을 본받아 **'용서'**의 삶을 사는 것입니다. 즉 용서가 넘치는 곳이 하나님의 통치가 실현되는 장입니다. 사랑 없이는 결코 용서를 이룰 수 없습니다. 사랑하지 않고 용서한다고 하는 것은 이를 악물고 참는 것일 뿐, 진정한 용서가 아닙니다. 독생자까지도 아끼지 않으신 하나님의 그 무한한 사랑이 우리 안에 임하게 될 때, 모든 이를 용납할 수 있는 용서도 가능하게 됩니다.

"그때에 베드로가 나아와 이르되 주여 형제가 내게 죄를 범하면 몇 번이나 용서하여 주리이까 일곱 번까지 하오리이까 예수께서 이르시되 네게 이르노니 일곱 번뿐 아니라 일곱 번을 일흔 번까지라도 할지니라"(마 18:21-22).

우리의 사랑과 용서는 제한이 있을 수 없습니다. 무한한 사랑에 기반한 용서이기 때문입니다. 그래서 하나님의 통치가 회복되는 곳에는 모든 종류의 미움, 분열, 다툼이 없어집니다. 그곳에는 오로지 하늘나라의 평안만이 가득합니다.

"평안을 너희에게 끼치노니 곧 나의 평안을 너희에게 주노라 내가 너희에게 주는 것은 세상이 주는 것과 같지 아니하니라"(요 14:27 상).

'사랑에서 출발하여 용서로 흐르고, 용서의 물줄기가 모여서 평화의 강을 이루는 곳', 바로 그곳이 하나님 나라가 임하는 곳입니다.

3. 하나님의 뜻이 회복되는 곳

"뜻이 하늘에서 이루어진 것같이 땅에서도 이루어지이다"(마 6:10).

하나님의 이름이 거룩히 여김을 받고 그 나라가 임했다면, 이제 그분의 뜻이 이뤄짐으로 하나님의 나라가 완성되어야 합니다. 그렇다면 하나님의 뜻이 무엇입니까?

"우리를 시험에 들게 하지 마시옵고 다만 악에서 구하시옵소서"(마 6:13).

이 땅에서 사탄의 영역(악)이 사라지고 **하나님의 의로움이 나타나는 곳**, 그곳이 완전히 회복된 하나님의 나라입니다. 이제 우리가 일어나 하나님의 의로움을 나타냄으로 모든 악이 사라지는 **'하나님 나라'**(Kingdom)를 세워야 합니다. 그 회복의 역사를 위해 지금까지 달려온 것입니다.

'하나님의 뜻'을 품음으로 세상의 악과 대항하여 **'하나님의 의'**가

참고 사항

이뤄지는 거룩한 열망을 품었던 자들(거룩한 씨)의 역사가 성경 곳곳에 남겨져 있습니다. 아벨, 셋, 노아, 아브라함, 이삭, 야곱 등, 끝없이 타락해 가는 악한 세상 속에서도 변함없이 하나님의 의를 세워 갔던 신앙의 선조들을 본받아, 우리가 밟는 땅 어디에서라도 하나님의 의가 나타나게 해야 합니다.

성경의 많은 인물들 가운데 악이 창궐한 현장에서도 하나님을 향한 거룩한 뜻을 품음으로 **'악에게 지지 않고 선으로 악을 이겼던'**(롬 12:21) 대표적인 인물을 꼽으라면 단연 **다니엘**을 들 수 있습니다.

하나님의 나라가 멸망을 당하고 다니엘은 포로가 되어 당대 최고의 우상과 이방 학문의 숭배지인 바벨론에 이르게 되었습니다. 악의 근원지라 불릴 만한 그곳에서 다니엘이 가장 먼저 한 일이 무엇입니까?

"다니엘은 뜻을 정하여"(단 1:8 상).

다니엘은 오직 하나님을 향한 뜻을 품었습니다. 그리고 그 뜻을 따라 타협 없이 살아갔습니다. 다니엘은 하나님의 뜻이 자신을 통해 이뤄질 수 있도록 그 치열한 삶의 현장에서도 매일 시간을 정하여 하루 세 번씩 예루살렘을 바라보고 기도했습니다(단 6:10). 그 기도의 자리를 통하여 죽음의 위협 속에서도 꿋꿋이 하나님의 뜻을 이 땅 위에 실현해 갔던 것입니다.

결국 그의 삶을 통해 하나님의 뜻이 이 땅에서 이뤄졌을 때, 하나님의 영광이 높이 드러나게 되었습니다. 당대 최고의 강대국 바벨론의 느부갓네살 왕이 다니엘을 향해 고백하는 것 좀 보십시오.

"이에 느부갓네살 왕이 엎드려 다니엘에게 절하고 명하여 예물과 향품을 그에게 주게 하니라 왕이 대답하여 다니엘에게 이르되 **너희 하나님은 참으로 모든 신들의 신이시요 모든 왕의 주재시로다**"(단 2:46-47 상).

느부갓네살은 바알 신을 믿는 이방의 왕입니다. 그런데 다니엘을 통해 하나님의 뜻이 이뤄지는 현장을 보자, 그 강대한 나라의 왕이 다니엘에게 납작 엎드려서는 하나님을 향해 **"신 중의 신이시며, 모든 왕의 왕이라"**고 고백합니다. 이뿐이 아닙니다. 메대 나라의 다리오 왕이 다니엘을 향해 하는 고백을 보십시오.

> "내가 이제 조서를 내리노라 내 나라 관할 아래에 있는 사람들은 다 다니엘의 하나님 앞에서 떨며 두려워할지니 그는 살아 계시는 하나님이시요 영원히 변하지 않으실 이시며 그의 나라는 멸망하지 아니할 것이요 그의 권세는 무궁할 것이며 그는 구원도 하시며 건져내기도 하시며 하늘에서든지 땅에서든지 이적과 기사를 행하시는 이로서 다니엘을 구원하여 사자의 입에서 벗어나게 하셨음이라 하였더라"(단 6:26-27).

감격적이지 않습니까? 악이 창궐한 이방 나라에서 일개 백성도 아닌 왕들이 다니엘 앞에 무릎 꿇고 그 하나님을 경배합니다. 통치국이 세 번(바벨론, 메대, 페르시아) 바뀌고, 왕이 네 번(느부갓네살 왕, 벨사살 왕, 다리오 왕, 고레스 왕)이나 바뀌는 역사의 격변기 속에서도 다니엘은 한 번도 존귀한 자리에서 밀려나지 않았습니다. 아니, 갈수록 더 존귀히 여김을 받았습니다. 그 이유는 단 한 가지입니다. **'다니엘이 하나님의 뜻을 품었기 때문'**(단 1:8)입니다. 또한 그 뜻이 이 땅 위에 이뤄지게 하여 악한 세상에서 승리했기 때문입니다.

신약에서 다니엘과 같은 인물을 예로 든다면 **'바울'**을 들 수 있습니다. 바울이 얼마나 치열하게 이 땅에 하나님의 뜻을 이루기 위해 악과 싸우며 살았는지 말로 다할 수 없습니다. 바울 스스로도 자신의 삶 전부는 하나님 나라를 이 땅에 세우기 위한 고투였다고 고백하고 있습니다. 그의 고백을 한번 들어 볼까요?

> "내가 수고를 넘치도록 하고 옥에 갇히기도 더 많이 하고 매도 수 없이 맞고 여러 번 죽을 뻔하였으니 유대인들에게 사십에서 하나 감한 매를 다섯 번 맞았으며 세 번 태장으로 맞고 한 번 돌로 맞고 세

참고 사항

번 파선하고 일 주야를 깊은 바다에서 지냈으며 여러 번 여행하면서 강의 위험과 강도의 위험과 동족의 위험과 이방인의 위험과 시내의 위험과 광야의 위험과 바다의 위험과 거짓 형제 중의 위험을 당하고 또 수고하며 애쓰고 여러 번 자지 못하고 주리며 목마르고 여러 번 굶고 춥고 헐벗었노라 이 외의 일은 고사하고 아직도 날마다 내 속에 눌리는 일이 있으니 곧 모든 교회를 위하여 염려하는 것이라"(고후 11:23 하-28).

바울이 하나님의 사역을 위해 자신의 모든 것을 '**투신**'하면서 단 하나 염려하는 것이 무엇입니까? 하나님의 교회, 즉 이 땅의 하나님의 나라가 위험을 당할까 염려하는 것이었습니다. 그는 하나님의 뜻이 이뤄지는 일이라면 생명도 초개와 같이 버릴 수 있었습니다. 그의 헌신과 눈물이 오늘날 우리를 있게 했으니, 이제 우리가 그 사명을 이어가야 하지 않겠습니까?

이 사명은 결코 교회 안에만 국한된 것이 아닙니다. 온 세상 가운데 '하나님의 의'가 이뤄지도록 하는 것이 '하나님의 뜻'입니다. 즉 세상의 제도와 문화, 교육과 가치관 등 삶의 전 영역에서 사탄의 세력을 몰아내고 하나님의 의로움이 나타나는 '하나님 나라'(Kingdom)를 세워야 한다는 말입니다. **이 사명을 완수하기 위해 우리는 바울처럼 목숨을 버릴 각오도 해야 합니다.** 그러한 결단을 품고 나아갈 때에야 세상으로부터 외면받는 나약한 교회가 아닌, 세상을 주도하고 변화시키는 능력 있는 교회가 될 것입니다. 이것이 우리가 꿈꾸는 회복의 역사입니다.

이 시대의 하나님 나라 건설자들이여! 우리가 이 시대의 거룩한 씨가 되어 세상 가운데 하나님의 나라를 세워 갑시다. 그곳은 하나님의 이름이 거룩히 여김을 받아 그분만 영광 받는 곳이고, 하나님의 나라가 임하여 그분의 통치가 완벽하게 실현되는 곳이며, 하나님의 뜻이 이뤄짐으로 악의 세력이 틈타지 못하는 완전한 나라가 되어야 합니다. 그러한 회복이 임할 때 **하나님의 영광과 나라와 권세가 영원히 임하는 하나님의 나라가 우뚝 설 것입니다.** 당신이 속한 공동체가 그런 자리가 되십시오. 그것이 밴드 교회의 궁극적인 이상입니다.

밴드 교회 Check Point 10

이제 밴드원이 되십시오

　배움의 목적은 삶의 변화를 위한 것이다. 배움이 배움으로만 그친다면 그것은 죽은 지식밖에 되지 않는다. 이제 밴드 교회가 어떤 것인지 깨달았다면 밴드 교회의 한 알의 밀알이 되는 밴드원이 되어야 한다. 당신이 거룩한 씨앗이 되어 심겨질 때 하나님의 교회가 든든히 세워져 갈 것이다. 하나님 나라 건설자는 그 누구도 아닌 바로 당신이다.

참고 사항

밴드원 가입 서약서

1. 당신은 죄 사함을 받았습니까? (예, 아니요)
2. 당신은 우리 주 예수 그리스도로 말미암아 하나님과 화평합니까? (예, 아니요)
3. 당신은 심령 속에 자신이 하나님의 자녀라는 성령의 내적 증거가 있습니까? (예, 아니요)
4. 하나님의 사랑이 당신의 심령 속에 널리 흐르고 있습니까? (예, 아니요)
5. 당신은 마음과 행동으로 죄짓지 않기 위해 노력하고 있습니까? (예, 아니요)
6. 당신의 신앙 성숙을 위하여 잘못된 것들에 대해 지적해 줄 때, 마음 상하지 않고 들을 용의가 있습니까? (예, 아니요)
7. 우리 중에 누구든지 당신에 대하여 염려하는 것을 무엇이든지 당신에게 말해 주기를 바랍니까? (예, 아니요)
8. 밴드 모임에서 우리가 가능한 한 당신의 심령 내부 깊이, 밑바닥까지 속속들이 파헤쳐 주기를 원합니까? (예, 아니요)
9. 밴드 모임에서 마음을 열고 개방된 마음을 가지고 당신의 마음속에 있는 모든 것을 속임 없이, 주저 없이 말할 용의가 있습니까? (예, 아니요)
10. 밴드 내에서 이야기된 내용에 대해 비밀을 지키겠습니까? (예, 아니요)
11. 밴드 시간에 이야기되었던 내용을 목회적 치리를 위해 리더가 목사님께 보고하는 것에 대해 동의하십니까? (예, 아니요)
12. 다음과 같은 생활 규칙들을 지키겠습니까?
1) 시간 엄수 – 밴드 모임 시간을 철저히 엄수하겠다. (예, 아니요)
2) 주일날 자신의 유익을 위해 절대로 물건을 사고팔지 않겠다. (예, 아니요)
3) 온전한 십일조 생활을 하겠다. (예, 아니요)
4) 술, 담배, 도박을 하지 않겠다. (예, 아니요)
5) 정직한 상거래를 하겠다.(여러 말 하여 상대방의 기분을 상하게 하지 않겠다.) (예, 아니요)
6) 교인 간에 이자 놀이, 돈 거래, 담보 설정 등을 하지 않겠다. (예, 아니요)
7) 부부간에 폭력(언어적 폭력도 포함)을 행사하지 않겠다. (예, 아니요)
8) 사람들 사이에서 결코 목숨을 걸고 맹세치 않겠다. (예, 아니요)
9) 그 사람이 보이지 않는 데서 그의 허물을 이야기하지 않고, 그런 일을 하거든 중단시키겠다. (예, 아니요)
10) 사치하지 않겠다. 다른 사람에게 위화감을 주는 삶의 태도를 취하지 않겠다. (예, 아니요)
11) 내가 가진 것을 갖고 구제하되, 힘 자라는 데까지 구제하겠다. (예, 아니요)
12) 눈에 보이는 주위의 죄에 대해서 사랑과 지혜와 온유함으로 일깨워 주겠다. (예, 아니요)
13) 부지런하고 검소하겠다. 자기부정의 생활을 하고 날마다 자기 십자가를 지겠다. (예, 아니요)
14) 모든 예배에 출석하고, 밴드의 모든 공적 모임에 반드시 참석하겠다. (예, 아니요)
15) 급한 업무나 질병 관계가 아닌 한, 매일 말씀의 묵상 QT를 하겠다. (예, 아니요)
16) 매일 아침 기도하겠다. 만약 내가 가장이면 가족 기도회를 실시하겠다. (예, 아니요)
17) 존과 목장의 구성원들을 부모처럼 돌보겠으며, 목장 모임에도 빠지지 않겠다. (예, 아니요)
18) 모든 일을 밴드 리더와 의논하며, 목사님의 목회적 치리에 순종하겠다. (예, 아니요)
19) 분기별로 영적 상태를 점검하는 티켓을 발행할 때 그 모든 결과에 순종하겠다. (예, 아니요)
　　(주의와 경고, 안식반으로 내려가는 것 등에 대해, 게시판에 공고함을 달게 받아들이겠습니다)

나는 밴드 회원이 되기 위해 위의 조건들을 지킬 것을 엄숙히 맹세합니다. 만약 위의 조건들을 어길 시에는 기꺼이 안식반으로 가서 신앙의 재무장을 하겠습니다.

　　　　　　　　　　　　　　　　　　　　　　　년　　　월　　　일
　　　　　　　　　　　　　　　　　　　　　　　　　　　　　　　㊞

실현 적용 Band Case 10

밴드 교회에서 사모의 역할

마지막으로 밴드 교회에서 사모의 역할에 대한 이야기를 하고 싶다. 밴드 교회는 사람을 회복시키는 교회인데, 그 교회를 세움에 있어서 목회자의 사모부터 관망의 자리를 넘어 **'동역자'**로 서게 된다면 이보다 더 큰 힘은 없을 것이다.

흔히들 사모를 가리켜 안수 받지 않은 목회자라고 부른다. 여기에는 안수받은 목사의 아내로서 그 삶이 목회자와 같은 것이어야 한다는 의미가 담겨 있다. 그러나 이것을 삶의 측면에서만 보지 말고, 좀 더 적극적으로 해석한다면 목회의 조력자로서 할 수 있는 일이 있다는 말로 해석할 수도 있다. 그간 사모들은 교회에서 드러나지 않는 것이 미덕으로 여겨졌다. 그래서 많은 사모들이 자신의 달란트와는 상관없이 묵묵히 자기 성찰에만 매달리게 되었다.

안수받지 않은 목회자도 분명 목회자이다. 따라서 교회에서 목회자로서 응당 해야 할 일은 적극적으로 해야 한다. 다만 안수 받지 않은 목회자이기에 그 활동 영역이 남편과 구분된다는 점만 염두에 두면 된다. 이 점은 굳이 말하지 않아도 상식적으로 잘 아는 사실이라 믿는다.

넓은 의미에서 보자면 교회의 사역은 부지기수로 많다. 그 모든 일들이 다 목회를 돕는 일이지만 모두 다 효과적인 것은 아니다. 특별히 사모들은 목회를 돕는다고 하면서도 국지적인 일에 치우치는 경향이 있다. 예를 들어, 주방이나 성가대, 반주자, 심방 등 개별적인 일에 역량을 집중하면서 전체적인 안목을 놓치는 경우가 많다. 목회는 목적이 분명해야 하듯 목회의 조력자로 나서는 사모도 마찬가지이다. 그렇지 않으면 나무는 보되 숲을 보지 못하는 결과를 낳게 된다. 전체적인 안목으로 숲을 조망하고 그 숲을

참고 사항

다스릴 줄 아는 자가 지혜로운 자이듯, 사모의 목회 사역도 그와 같아야 한다. 그렇지 않으면 사모는 평생 일만 하다가 늙게 된다. 평생을 일 속에 파묻혀 하루도 편히 쉴 날 없이 보냈지만 교인들은 여전히 성숙하지 못하고 교회는 정체하게 된다.

그러면 안수 받지 않은 목회자로서 사모는 어떤 활동을 해야 하는가? 교인들을 성숙시켜 그들로 하여금 목회할 수 있게 해야 한다. 이러한 정신의 구현을 위해 사모는 아이를 키우는 어머니의 위치에 있어야 한다. 목적은 분명하다. **나의 어린아이들을 하나님으로부터 위탁받아 장성한 자로 키워 내는 것이 어머니가 해야 할 역할이다.** 그 일을 이루기 위해 교인들과의 친밀한 관계성을 구축하는 것이 중요하다. 어미와 자식의 관계를 확고히 하는 것이 교인들의 영적 성숙의 관건이기 때문이다. 이 모든 활동은 사모의 당연한 의무일 뿐 아니라 권리이기도 하다.

내 자식을 올바로 길러 자식으로부터 어미 대접을 받는 것은 하나님께서 사모에게 주신 권리이다. 우리 사모들은 이 권리를 너무 오랫동안 잊고 살아왔다. 안수 받지 않은 목회자란 허울 좋은 이름에 그저 의무만 지고 살았던 것이다. 물론 이 권리를 가지고 군림하라는 말은 아니다. 목회는 섬김으로 완성되는 것이다. 단지 내가 말하고자 하는 것은 사모가 헌신하고 힘을 쏟을 목회적 영역이 있다는 것이다. 사모들이 이 권리를 올바로 찾을 때 교회는 더욱 성숙해지고 성장하게 될 것이다.

"의무 없는 권리 없고, 권리 없는 의무 없다."

《사모 일으키기》 中

판권
소유

성경이 말하는 공동체 세우기
하나님 나라 건설자

2013년 5월 10일 인쇄
2013년 5월 15일 발행

지은이 | 장학일
발행인 | 이형규
발행처 | 쿰란출판사

주소 | 서울 종로구 이화동 184-3
TEL | 02-745-1007, 745-1301~2, 747-1212, 743-1300
영업부 | 02-747-1004, FAX / 02-745-8490
본사평생전화번호 | 0502-756-1004
홈페이지 | http://www.qumran.co.kr
E-mail | qrbooks@gmail.com
　　　　 qrbooks@daum.net
한글인터넷주소 | 쿰란, 쿰란출판사

등록 | 제1-670호(1988.2.27)

값 9,000원

ISBN 978-89-6562-384-7 94230
　　　 978-89-6562-136-2 (세트)

* 이 출판물은 저작권법에 의해 보호를 받는 저작물이므로 무단 복제할 수 없습니다.
　잘못된 책은 교환해 드립니다.